우리의 그리움을 위해서는
이별이 있어야 하네

마석을 지나며 진달래 밭에서

Contents

프롤로그 내 청춘의 가장 빛나는 시간이 깃든 편지 (박지혜)

1973 가을

1 깊어 가는 가을밤 ················· 3
2 당신의 고향 예당 ················· 5
3 아내는 누구일까 ················· 9
4 당신과 나의 거리 ················· 12

1973 겨울

5 눈 내리는 날의 그리움 ················· 17
6 날씨가 춥습니다 ················· 19
7 선희 재롱이 날 웃게 만드네요 ················· 21
8 난로가 선희의 언 손을 녹여주네요 ················· 23
9 기다림 ················· 25
10 앞당겨진 방학 ················· 28
11 취득·상속세 다 해결했습니다 ················· 34
12 빨래로 거칠어진 당신의 손 ················· 36
13 영래 도령 결혼식 날의 눈물 ················· 38
14 슬픔을 당한 강용 씨 ················· 44
15 신랑 신부의 예당 잔치 ················· 47
16 당신이 그립습니다 ················· 49
17 고추장과 된장 보내려다가 ················· 51
18 새해에도 복 많이 받으세요 ················· 54

19 한강이 얼어붙었습니다 ……………… 56
20 달걀 다섯 줄 사들고 ……………… 58
21 당신은 33세 나는 28세 ……………… 62
22 전화벨 소리만 들려도 엄마 ……………… 64
23 나는 복이 많은 여자 ……………… 70
24 꿈에 본 당신 ……………… 72
25 요즘 물가가 많이 오릅니다 ……………… 74
26 어머님의 눈물 바람 ……………… 76
27 경숙 아가씨와 대화 ……………… 80
28 설날 목포·예당 다녀올 예정입니다 ……………… 82
29 오늘 목포로 예당으로! ……………… 84
30 음력 새해 첫인사 ……………… 86
31 선희가 할아버지와 장난까지 치네요 ……………… 88
32 세금 납부 끝냈습니다 ……………… 94
33 봄꽃이 고개를 내밉니다 ……………… 96
34 큰언니와 은진네 소식 ……………… 98
35 숙이 아가씨 아들 상영이 돌 ……………… 100
36 정월 대보름 창밖에 눈이 내리네요 ……………… 103
37 민두식 교감 선생님 ……………… 105
38 친구 수경이와 기영이 ……………… 108
39 졸업식날 한복 입었어요 ……………… 111
40 세월아 빨리 빨리 가거라 ……………… 113
41 전화 설치비 7만 5천 원 ……………… 115
42 어제는 우수 ……………… 120
43 오솔길을 걸으며 ……………… 122

Contents

1974 봄

44 햇살이 순하고 곱습니다 ····· 127
45 고마운 정재무 씨 부부 ····· 128
46 3학년 담임을 맡고 ····· 130
47 생일날 강아지 선물 ····· 132
48 어머님 다리가 불편하시답니다 ····· 134
49 시끌복작한 우리집 ····· 137
50 복자 취직 ····· 142
51 갑자기 휑한 우리집 ····· 144
52 개미 한 마리도 ····· 148
53 선희가 감기에 걸렸습니다 ····· 151
54 누님 편지 받았습니다 ····· 153
55 어머님은 김치, 복래누님은 굴! ····· 155
56 요즘 병원에 다닙니다 ····· 157
57 간절한 마음 ····· 159
58 치료가 더 필요합니다 ····· 161
59 드디어 전화 가설 ····· 163
60 언제나 당신 소식 궁금합니다 ····· 165
61 철홍이의 교통사고 ····· 167
62 철홍이가 가엾네요 ····· 169
63 당신 편지 애타게 기다립니다 ····· 171
64 주머니 속까지 털어주려고 했는데 ····· 173

65 기다림 속의 기쁨 ·············· 175
66 어서 돌아오세요 ·············· 179
67 요즘 학교 일이 바쁩니다 ·············· 182
68 식구들 생일 ·············· 184
69 영래 도령 소식 ·············· 186
70 이강용 씨의 강남다실 ·············· 188

1974 여름

71 인천항 준공 ·············· 203
72 비 맞고 병원 다녀왔습니다 ·············· 206
73 꿈에서 당신 귀국 ·············· 208
74 어수선한 한국 소식 ·············· 210
75 나는 새에게라도 마음 전해 주시길 ·············· 212
76 정희 언제든지 서울로! ·············· 214
77 만 원 들인 집 단장 ·············· 216
78 또 꿈속에서 만난 당신 ·············· 218
79 영래 도령 다녀갔습니다 ·············· 220
80 영래 도령과 동서 ·············· 222
81 막내 도령 편지에 적힌 예당 소식 ·············· 224
82 손관호 차관님 소식 ·············· 228
83 페인트칠 집 단장 ·············· 230
84 여름이 가까이 왔네요 ·············· 232
85 은재 도령 부부 다녀갔습니다 ·············· 233

86 우리 반 계속 상위권 ················· 235
87 내년 봉급 30퍼센트 인상 ············· 237
88 경숙 아가씨 수학여행 ················ 239
89 연구발표 안 하기로 했습니다 ········· 242
90 요즘 선희 피부과 다닙니다 ··········· 244
91 부잡한 선희 ························· 246
92 내일부터 방학 ······················· 248
93 무기력한 요 며칠 ···················· 250
94 잉꼬 한 쌍 ·························· 252
95 복내 누님이 왔습니다 ················ 254
96 찌는 듯한 더위 ······················ 256
97 육영수 여사 서거 ···················· 258
98 정희 서울 응암국민학교 전학 ········· 262

그리고 다시 찾아온
1974 가을

99 잉꼬새 부부를 보며 ·················· 267
100 울산 오빠 사업 ····················· 269
101 선희의 엄살 ························ 271
102 귀국날 손꼽아 기다리며 ············· 273
103 솔베이지의 노래(언젠가 너는 올 거야) ···· 275

에필로그 아내의 편지, 50년 세월을 건너는 다리 (손학래)

프롤로그

내 청춘의 가장 빛나는 시간이 깃든 편지

지금부터 52년 전 1973년, 남편이 갑자기 풍차의 나라 네덜란드로 유학을 떠나게 되었습니다. 신혼의 단꿈에 젖어 있던 저로선 눈앞이 캄캄했습니다. 사랑하는 남편을 이역만리 타국에 어찌 보내며, 기나긴 시간을 어찌 홀로 견딘담……. 텅 빈 가슴과 어깨 사이로 찬바람이 쓸고 지나갔습니다. 말할 수 없는 외로움과 고독감에 어찌할 바를 몰랐습니다.

남편이 떠난 다음 날부터 거의 날마다 편지를 썼습니다. 한 자 한 자, 남편에 대한 그리움과 애정을 담아 꾹꾹 눌러 적었습니다. 그리곤 한시라도 빨리 남편에게 도달하길 바라며 소공동에 있는 서울 중앙우체국으로 달려갔습니다. 편지를 부치고 돌아올 때, 마치 남편과 면회라도 하고 나온 것처럼 가슴이 설레고 벅찼습니다.

남편의 답장이 당도하던 날 부푼 마음으로 봉투를 뜯을 때 손가락에 전해지던 따스한 감촉은 오랜 세월이 흘렀어도 어제 일처럼 생생하기만 합니다.

제가 청춘이던 1970년대는 저뿐만 아니라 모든 청춘 남녀의 풍속도가 이러했습니다. 그때는 휴대전화와 인터넷, 카톡도 페이스북도 없었습니다. 타인의 안부를 묻고 나의 소식을 전하는 수단은 오로지 편지밖에 없었습니다.

어느 시인은 "우리의 그리움을 위해서는 이별이 있어야 하네"라며 "서로 떨어져 있어야 쓰는 게 편지"라고 말했습니다. 시인의 말이 참으로 가슴에 와 닿습니다. 돌이켜보니 저 또한 남편과의 이별이 있었기에 그리움이란 나무가 자랄 수 있었고, 그 나뭇가지 끝에 편지란 꽃을 매달 수 있었다고 생각합니다.

출간을 준비하며 다시 편지를 읽어보았습니다. 남편에 대한 그리움과 투정, 시댁과 친정에서 일어난 소소한 사건들이 서툴고 투박한 문장으로 채워져 있더군요. 철학과 진리를 논하던 명사들이 주고받은 편지나 세기적 사랑을 나누었던 유명인의 러브레터와 비교하면 내놓기조차 부끄러웠습니다. 그럼에도 불구하고 출간을 결심한 이유는 그때 썼던 편지들이 지나버린 제 과거의 시간을 다시 불러낸다는 것입니다.

문득 지나간 세월이 마치 다른 사람의 인생처럼 서름서름한 요즘, 제 편지가 책이란 옷을 입고 세상에 나온다고 생각하니 제 청춘의 가장 빛나는 시간을 되찾은 것 같아 감개무량합니다.

오래된 편지가 50년 쌓인 먼지를 털고 세상에 나오기까지 수고한 분들이 있습니다. '편지는 자신도 모르게 완성해 놓은 생생한 삶의 문학'이라며 출간을 권유한 손민두 소설가, 책의 편집과 교정을 도맡아 준 건설교통저널의 김정현 부장입니다. 두 분께 감사의 말씀을 전합니다.

각종 편리한 의사소통 수단 때문에 편지가 뒤로 밀린 시대지만 우리는 여전히 건넬 이야기가 있고 상대에게 가닿길 원합니다. 저의 졸저를 펼치며 그리운 이의 손길이 쓸고 지나간 육필의 따스함을 느껴보시면 어떨까요.

2025년 4월

박 지 혜

1973

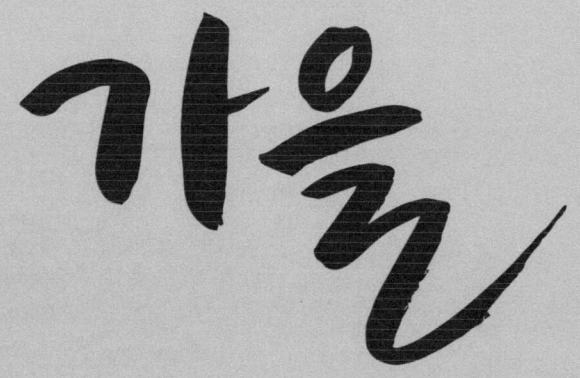

첫 번째 편지. "깊어 가는 가을밤"

01
깊어 가는 가을밤

오늘 아침 우리 동네는 한동안 안개 속에 숨었습니다. 희뿌옇고 거대한 장막에 가로막혀 아무것도 보이지 않았습니다. 안개가 걷히자 비로소 각자의 삶이 깃든 집들이, 집과 집 사이의 신경 줄을 매단 전봇대가, 삶과 삶을 이어주는 자동차가 보이기 시작했습니다. 당신이 타고 간 비행기에서 바라본 세상도 이와 같지 않았을까 싶습니다. 얼마나 많은 동네들이 구름 속에 숨었다 나타나기를 반복했을까요.

북극 상공에서 쓴 엽서와 네덜란드에 도착해 보낸 엽서 두 장 잘 받았습니다. 갑자기 변모한 환경에 잘 적응하고 있는지, 서울에 있는 돌이 갓 지난 선희를 비롯해 경숙, 애숙 모두 무사히 잘 지내고 있습니다.

부모님은 10월 26일 아침 11시 기차로 내려가셨습니다. 부모님 계실 땐 그래도 괜찮았는데 떠나시고 나니 당신의 빈자리가 훨씬 커 보입니다.

요즘은 학기 말 종합감사를 마치고 16일 연구수업을 준비하고 있습니다. 연구수업이 끝나면 올해 골치 아픈 일은 모두 마치게 돼 홀가분한 마음으로 연말을 보낼 수 있을 것 같습니다. 다가오는 27일은 어머님 생신입니다. 어제부터 어머님께 생일선물로 드리기 위해 실을 사다 조끼를 뜨고 있습니다. 선희 옷은 이미 위아래 한 벌을 완성해 입혔습니다. 새옷을 입은 선희가 아빠 앞에서 재롱을 피웠을텐데 그리하지 못해 아쉽습니다.

네덜란드에 대한 당신의 첫인상은 어떤지요. 그곳의 생활환경 또한 몹시 궁금합니다. 다음 편지에 자세히 말씀해 주세요. 그리고 카메라는 사셨는지요. 사진 많이 찍어 보내주세요. 예쁜 엽서와 함께 말입니다. 저도 선희의 커가는 모습 찍어 보내 드릴게요.

어렵게 유학길에 올랐으니 항상 주변 환경에 깊은 관심 두시고 세심한 관찰과 예리한 판단으로 공부에 임하십시오. 많은 지식과 유익한 경험을 두텁게 쌓고 돌아오십시오. 그리하여 우리 국가사회에 꼭 필요한 인재가 되십시오. 꼭 그리되게 해 달라고, 어릴적 세례를 받고도 가까이하지 못했던 성모마리아께 기도했습니다. 부지런히 공부하시고 부디 건강하십시오. 편지 많이 보내주시고 저에게 마음속으로라도 많이 속삭여 주세요.

가을밤이 깊어갑니다.

1973년 11월 8일 새벽 1시

02
당신의 고향 예당

올가을 눈 부신 햇살을 온몸으로 받아 낸 들판이 찬란한 황금빛에 물들었을 당신의 고향, 예당평야를 떠올립니다. 얼마나 풍요롭고 아름다웠을까. 하지만 추수가 끝난 지금, 텅 빈 들판에 내려앉은 고요와 침묵은 당신의 부재로 생긴 나의 마음처럼 황량하고 쓸쓸할 것입니다.

당신의 부재가 우리의 더 나은 미래를 만들기 위한 고난의 시간이라는 것을 당신의 아내는 모르지 않습니다. 그럼에도 왜 이리 공허하고 심란한 마음뿐일까요. 그래도 기운을 내보자고 마음을 추스릅니다. 적요함을 견디지 못하는 들판에서 어찌 결실의 풍요로움을 기대할 수 있겠습니까. 잠시의 공허함을 다스리지 못하고서야 어찌 자랑스런 당신의 아내이겠습니까.

여보! 불러보나 역시 대답이 없군요.

그동안 몸은 건강하신지요. 이곳의 식구들은 건강하고 무사하답니다. 며칠 전 세금 납부 고지서가 날아왔더군요. 그런데 마땅히 내야 할 취득세 뿐만 아니라 상속세가 부과되었습니다.

이제보니 상속세 고지서는 어떻게 자금을 마련해 집을 구입했는지 재산의 출처를 알고자 은근히 보낸 것이었습니다. 어찌 해결해야 할지 막막했으나 큰 형부(신경철)께서 도와주셔서 잘 해결했습니다. 상속세는 내지 않고 취득세만 내기로 결정되었습니다.

저는 요즘 우리 학교 김봉주 선생님이 신경통으로 다리가 아파서 쉬는 바람에 옆반 아이들까지 맡아 돌보느라 혼이 나고 있습니다. 내일은 김봉주 선생님이 나오실 수 있을지 모르겠군요. 우리 선희의 재롱이 나날이 늘어갑니다. 그것을 바라보는 재미로 오늘도 공허와 쓸쓸함으로 비워진 제 마음을 채워갑니다.

오늘 모처럼 기엽 친구가 놀러 왔습니다. 기엽이와 함께 선희를 데리고 수경 친구집에 다녀왔습니다. 한참 동안 웃음꽃을 피우며 놀다 왔지요. 수경 어머니는 수경이를 걱정하셨습니다. 넌 언제 저렇게 자식을 낳을 거냐고 하시면서요. 그리고 보면 난 참 행복한 사람인가 봅니다. 다만 그 행복이 너무나 가까이 있어 그것을 가슴 깊이 느끼지 못할 뿐이겠지요.

요즘 생활은 어떠십니까. 춥지는 않은지, 빨래는 잘해서 입고 계신지, 찬은 입에 맞는지요. 밥은 두 사람이 당번 정해서 해 드신다지요? 나도 당신이 지은 밥 한번 먹어보고 싶습니다. 편지봉투에 밥알 한 개 넣어 보내 보셔요.

이곳은 오늘 아침 갑자기 영하 2도로 내려갔습니다. 올겨울 추위는 매서울 거라는 예보가 있습니다. 은근히 걱정입니다. 어린 선희의 화상이 염려되어 난로 놓는 것을 주저하고 있습니다. 건강하세요.

1973년 11월 11일

매화가 만발한 예당집

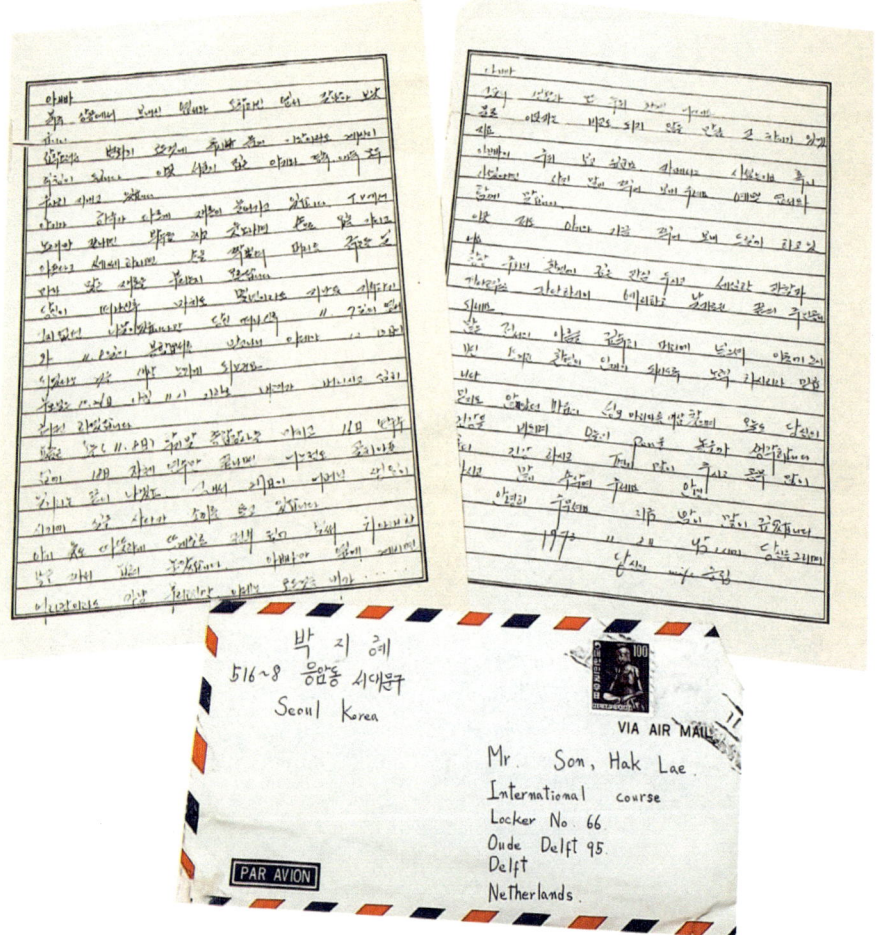

03
아내는 누구일까

사람들은 저마다 갈 길이 있다고 합니다. 부모에겐 부모의 길, 남편에겐 남편의 길, 아내에겐 아내의 길. 그런데 길이란 가는 이를 참 정직하게 만드는 것 같습니다. 구부러졌거나 곧거나 예쁘거나 평범하거나 불편하거나 편하거나 그저 가야만 하니까요.

내 맘에 안 든다고 어느 구간을 생략하고 걸을 수 없는 게 길을 가는 자의 운명 아닐까요? 그러보면 나 또한 당신을 만나 아내의 길을 걸어오며 반듯하고 편한 길만 걸었다고 생각지 않습니다. 또 앞으로 우리가 걸어갈 미지의 길이 어떻게 생겼는지도 모릅니다. 다만 당신은 늘 나와 어깨를 나란히 하며 함께 걸어갈 것이란 믿음이 있습니다. 그 믿음으로 오늘도 당신의 빈자리를 채우며 하루를 보냈습니다.

제 편지 받아 보셨는지요.

오늘(11월 12일) 당신이 편지로 부탁한 책과 약을 준비해 보냈습니다. 그런데 당신이 보내라는 약이 약국에 없다고 합니다.

대신 그 약과 동일한 효력을 가진 약을 구입해 보냈으니 그리 아시고 드시기 바랍니다. 20알로 부족할 것 같아 40알을 보냈습니다. 매 식후 두 알씩 복용하라고 약을 지어준 약사가 말했습니다.

그리고 당신이 부탁한 책을 찾는데, 애를 먹었습니다. 당신이 보내라는 책 이름과 같은 책이 없어서 이것저것 고르다 가장 비슷한 책을 골랐습니다. 너무 나무라지 마십시오.

오늘 시장을 다녀오다 돌에 걸려 그만 넘어지고 말았답니다. 두 무릎에 시퍼렇게 멍이 들고 손바닥에 상처가 났지요. 그래도 집에 오자마자 선희 뒷바라지에 여념이 없었습니다. 당신이 계시지 않기에 당신 몫까지 더하여 선희를 돌보려고 합니다.

선희는 이제 TV에서 나오는 음악에 제법 율동을 맞춥니다. 당신 계실 때만 해도 아무렇게나 몸을 흔들었는데 얘들은 하루가 다르게 커간다는 말이 실감 납니다. 요즘엔 제 얼굴을 엄마에게 들이밀고 알아들을 수 없지만 말을 잔뜩 늘어놓기도 합니다.

당신과 함께 자취하는 분은 어떤 분인지요. 당신과 함께 생활하시기에 나도 그분에 대해 대강이라도 알고 싶습니다.

네덜란드의 물가가 대단히 비싸다고 들었습니다. 급하게 필요한 것이 아니라면 집에서 보내라고 하십시오. 제가 준비할 수 있는 한 준비해 부쳐드리겠습니다.

당신!

지금 무슨 일하고 계십니까. 공부? 누워서 공상? 부엌에서 찬이나 밥 짓기? 설거지? 빨래? 엊저녁 당신께 편지 쓰다 졸려서 조금 미뤄 놓았다가 새벽에 잠을 깨 지금 쓰고 있습니다.

당신이 가정의 모든 일을 꼼꼼히 잘 처리해 주어 신경 쓸 일이 없었는데 당신이 떠나고 보니 모든 게 불편합니다. 무조건 건강하시고 즐겁게 지내세요. 공부하시면서 구경도 많이 하시구요. 건강 비나이다.

1973년 11월 13일 아침

델프트 공대 전경

04
당신과 나의 거리

당신이 떠난 다음부터 서울에서 네덜란드까지 거리를 재는 것이 일상이 되었습니다. 지리부도를 보아도 아득히 멀고, 수없이 많은 나라를 지나야 당도할 수 있는 곳이더군요. 비행기도 기름이 모자라 앵커리지서 급유한다지요? 나와 전혀 상관없을 것 같던 북극이나 앵커리지, 유럽이란 지명이 어느새 내 의식 속에 들어와 자리 잡는 것을 보면서 당신의 부재를 더 간절하게 느낍니다.

지금 시간 밤 11시 30분. 주위가 조용하군요. 건강하신지. 계속 편지가 오다가 3일째 그쳤습니다. 3일째가 되자 제 마음이 어둡게 변합니다.

천지가 개벽하는 듯 그 좋던 날씨가 갑자기 사나워졌습니다. 맑던 하늘에 먹구름이 끼고 엄청난 비바람이 불어옵니다. 길 가던 시민이 넘어진 전봇대에 깔려 숨졌다는 끔찍한 뉴스도 나옵니다. 촌각에 삶과 죽음이 갈리다니 죽은 사람의 가족들은 얼마나 허망할까요.

복래 누님께서 오늘 학교로 편지를 보내오셨더군요. 영래 도령이 12월 7일 광주에서 결혼식을 올린답니다.

당시 서울에서 도쿄, 앵커리지, 암스테르담으로 이어지는 거리는 약 1만km에 달한다.

당신이 네덜란드로 떠난 지 오늘로 21일째, 한 달이 채 지나지 않았지만, 무척 오랜시간이 흐른 듯합니다. 앞으로 눈 내리는 겨울이 오고, 그 겨울이 지나 봄. 봄이 다시 여름으로, 그 여름이 가을에 길을 비켜줄 때 당신이 다시 내 앞에 나타나겠지요. 그동안 나는 내 몫의 삶을 열심히 살아가겠습니다. 때론 선희의 재롱이 분투하며 살아가는 제게 큰 위안이 되겠지요.

11월 13일, 당신이 보내라는 책과 약 보냈는데 지금쯤 받아보셨는지 궁금합니다. 책 보내는 소포료가 3,360원, 너무 비싸지요? 허나, 나의 사랑하고 존경하옵는 당신께 보내는데 비용이 아깝다면 말이 되겠습니까. 어쨌거나 저는 기쁘기만 합니다.

이번 달 봉급을 받아 이것저것 다 제하고 나니 거의 빈 봉투만 남았습니다. 어제 할머니 방 고치는 비용으로 6,000원, 우리 방

아궁이를 레일 식으로 고치는데 10,000원 들었습니다. 아궁이를 고치니 방바닥이 뜨겁습니다.

요즘 어머니 스웨터 뜨는 것이 더디기만 합니다. 뜨다 말고 잠시 꿈나라 여행을 하곤 합니다. 그런데 자꾸 태몽을 꿉니다. 엊저녁에도 밤송이를 가슴에 한가득 품는 꿈을 꾸었습니다. 당신이 아니 계시기에 이것 저것 신경을 쓰느라 태몽 같은 꿈을 꾸게 되었을까요?

당신!

공부하는데 졸리지 않으신지. 아무 잡념 마시고 오직 공부에 집중하십시오. 꼭 성적 최고인 손학래씨가 되어야 합니다. 그리하여 당신이 원하는 길 골라 가셔야 합니다. 나 또한 손선희 양을 잘 키우는 것이 당신을 돕는 일이라 생각하고 정성을 다하겠습니다.

아! 그런데 영래 도령의 결혼식을 어찌하오리까. 고민입니다.
학교 결근하고 갈 수 밖에 없으니.

당신의 염려로 집안 무고합니다.
오직 건강 유념하시고 기쁜 나날 보내시길.

1973년 11월 15일

※ 레일식 아궁이는 기존 아궁이에 비해 신식으로 연료 효율이 좋았다. 구들 아래에 레일을 깐 다음, 그 위에 화로를 구르게 하여 온기를 방 전체에 전달했다.

1973

겨울

다섯 번째 편지. "눈 내리는 날의 그리움"

암스테르담 운하

05
눈 내리는 날의 그리움

별일 없이 학업에 열중하시겠지요.

아침 일찍, 일직하러 부랴부랴 학교에 갔습니다. 싸늘한 겨울바람이 외로움에 젖은 내 마음속에 들어와 소용돌이를 일으켜 쓸쓸한 출근길이 되고 말았습니다.

지금은 눈이 내립니다. 하얀 눈이 아주 많이. 하지만 저 눈송이들은 나와는 상관없는 것으로 여깁니다. 당신과 함께 눈길을 걸을 수 없기 때문이지요.

한참 동안 눈을 감고 있다 살그머니 눈을 떠 보았습니다. 흰 눈이 눈을 부시게 만듭니다. 허나, 제 마음은 어두운 잿빛이 되고 맙니다.

혼자 잠들기 힘든 날이 날마다 쌓여 내게 굵은 행복이 다가오리라 믿습니다. 기다리겠습니다. 얌전히.

당신!

조그만 소리로 부르고 싶습니다.

오늘은 영하 3도였지만 눈이 내려서인지 그리 춥지 않습니다. 집에 돌아오니 당신의 심볼 선희 양께선 콧등이 붉게 물들고 연신 재채기를 하더군요. 밥도 잘 먹지 않았습니다. 내가 피곤하고 졸려서 조금 누워있었더니 내게 다가와 쫑알대면서 얼굴을 마구 때리더군요. 아마 일요일인데도 엄마가 집에 없어 화가 잔뜩 난 모양입니다. 어쨌든 선희가 많이 컸습니다.

오늘도 시장에 나가 반찬거리 사 오셨나요. 밥은 태우지 않았습니까. 틈틈이 당신 좋아하는 정구도 치시며 건강 살피십시오. 두 개의 눈으로 오로지 우리 가정, 한 곳만 바라보십시오. 그리고 꿈을 꾸십시오. 당신과 나, 우리 선희가 한 덩어리가 되어 뒹구는 꿈 말입니다.

영원히, 영원히 우리의 행복을 바라기에 오늘도 당신을 그리며 펜을 들었습니다. 건강하시기만 빌 뿐입니다.

1973년 11월 18일

06
날씨가 춥습니다

당신이 건강히 잘 있다는 소식이 담긴 11월 10일자 여섯 번째 편지 잘 받았습니다. 제 편지도 잘 받아보셨겠지요.

11월인데도 날씨는 벌써 영하 7도가 넘습니다. 눈발이 날리고 강한 바람이 계속 불어옵니다. 어제 밤에는 얼마나 추웠는지 선희가 잠을 제대로 이루지 못하더군요. 하지만 선희의 재롱은 하루가 다르게 늘어 그 귀여움이 더해만 간답니다.

네덜란드에서의 된장 파티 그렇게도 맛있었다니 기쁩니다. 저야 날마다 먹는 된장이라 그 기분을 어찌 알겠습니까만, 먼 외국에 나가 있는 한국 사람으로서 어렵사리 구해 맛 본 된장의 그 구수한 향과 맛이 어떠했는지 짐작이 가고도 남습니다.

온통 눈에 덮힌 하얀 눈길을 걷자면 비틀비틀 불안하기만 합니다. 누구 하나 내 손 잡아 주는 이도 없습니다. 하긴 당신 말고 누가 내 손을 잡아 주겠습니까.

언어가 달라 공부에 불편은 없으신지요. 당신의 영어 실력이면 그리 큰 어려움은 없을 것이라 짐작하지만 그래도 걱정이 됩니다.

날씨가 한국과 비교할 수 없이 혹독하다고 하니 그것도 염려를 놓을 수 없습니다. 혹시 미끄러운 눈길에서 넘어져 허리라도 다치면 어찌할까 조바심도 일어납니다.

몸살 감기도 조심하십시오. 약 구하기 힘들면 약 이름 정확히 적어 보내십시오. 변비약은 책과 함께 보냈는데 받았는지 궁금합니다.

온 세계가 석유 때문에 떠들썩합니다. 우리나라도 각급학교 방학을 약 10일 정도 앞당긴다는 소식입니다. 그리되면 12월 15일쯤 겨울방학이 시작될 것 같습니다.

영래 도령의 결혼식엔 혼자 버스타고 다녀올까 생각 중입니다. 당신 없어도 제가 알아서 다 해결할테니 걱정 말고 마음 편히 공부에만 전념하십시오. 건강을 빕니다. 안녕히.

1973년 11월 20일

07
선희 재롱이 날 웃게 만드네요

어두운 밤, 처음엔 캄캄해 아무것도 보이지 않다가 시간이 조금 지나면 서서히 윤곽이 드러나고 사물과 공간이 뚜렷하게 구분되는 순간이 찾아옵니다. 가느다란 윤곽선 안팎이 짙고 옅은 층을 이루면 환하지 않아도 형체가 드러납니다.
지금이 그렇습니다.

당신이 떠난 다음, 내가 무엇을 해야할지, 원래 당신 몫이던 것과 당신의 부재로 새로 생긴 몫이 무엇인지 이제 조금씩 보이기 시작합니다.

몸은 건강하신지요. 추위가 그토록 기승을 부리더니 이제 조금 누그러졌습니다. 오늘은 영하 2도로 11월 날씨치곤 추운 편이지만 어제보다는 많이 나아졌습니다. 오늘따라 왜 이리 답답하고 허전하고 쓸쓸한지 모르겠습니다.

수도 요금 4,480원, 전기 요금 1,000원을 물고 나니 괜히 신경질이 나는군요. 그래서 집안 도우미 애숙이와 이런저런 이야기를 나누며 짜증을 달랬습니다. 학교 일 때문에 공연히 신경질과 짜증이 날 때도 있습니다. 그러면 안되는데 알면서도 고치지 못하는 이 병, 큰일입니다.

오늘은 선희가 인형을 안고 잠자리에 들며 내게 베개를 베 주고 이불을 덮어주며 자장자장 하더니 별안간 뒷짐을 지고 뭐라 알아들을 수 없는 말을 해 대더군요. 갑자기 하지 않던 행동에 얼마나 웃었는지 모른답니다. 내가 화를 내는 듯하면 고개를 바짝 들고 외려 나를 야단치는 듯한 행동을 합니다. 이러니 어찌 화를 내겠습니까. 웃지 않을 수 없습니다. 어린 선희가 엄마의 못난 행동을 감시하는 것 같습니다.

그곳 생활은 어떠하십니까. 서양 음식에 맛을 들이셨는지요. 그 나라는 잘 사는 곳이라니 그저 부럽기만 합니다. 생소한 나라의 멋진 모습에 너무 빠지지 말기 바랍니다.

당신이 다니고 있는 학교와 주위 환경에 대한 설명 부탁드립니다. 제가 상상하기 편하게 말입니다. 그리고 편지를 몇 번째 받았다는 등 자세히 알려주시면 덜 답답하겠습니다.

막내 양래 도령한테 편지가 왔습니다. 잘 있느냐고. 답장해야겠습니다. 이래저래 펜을 들었습니다. 당신이 떠난 지 두 달 지났다고 생각하렵니다. 시간이 참 더디 갑니다. 공부 열심히, 몸 건강하세요.

1973년 11월 22일

08
난로가 선희의 언 손을 녹여주네요

뜸해지는 요즘 당신 편지, 마음속에서 불만이 자라나려고 합니다. 지금 시각 새벽 2시, 어머님께 드릴 조끼 완성하고 막내 도련님과 어머님께 부칠 편지 써놓고 나니 시간이 이리 오래되었습니다.

어제는 여수의 도련님으로부터 편지 받았습니다. 결혼식 날짜와 장소, 시간 등이 적혀있더군요. 정재무 씨 부부께서 당신의 이번 달 월급을 갖고 오셨습니다. 이제부터 각종 수당이 지급되지 않는다고 하시면서 15,000원을 주고 가셨습니다.

오늘 큰언니와 함께 김장하고, 난로를 놓고, 수도 요금까지 납부하며 총 14,000원 지출하였습니다. 괴롭습니다. 수도 요금이 자그마치 4,480원. 너무 많이 나와 혹시 잘못되었나 싶어 큰 형부에게 부탁해 알아보았습니다. 최근 계량기를 새로 달고, 몇 달 고지가 되지 않아 납부하지 못한 요금에 과태료까지 나와 그리 많은 요금이 부과되었다고 합니다. 그냥 웃고 말았습니다.

오늘 정재무 씨가 전화 가설에 대해 말씀하셨는데 설치까지 그리 오래 걸리지 않을 거라 하셨습니다.

선희 재롱이 나날이 늘어 우리 여자 부대들은 매일 웃고 지냅니다. 틈만 있으면 편지함으로 달려가 당신 편지가 도착했는지 살핍니다. 시간 나는 대로 편지 자주 해주세요. 예쁜 엽서도 좋습니다. 혹시 집에 부탁할 게 있으면 언제든지 연락 주시고…….

난로를 놓으니 항상 차갑기만 하던 선희의 손이 따뜻해졌습니다. 그래도 웃풍이 세 코가 조금 시립니다. 바깥 기온이 지금 영하 4도인데 실내 온도는 영상 4도입니다. 만약 영하 10도를 넘어가면 얼마나 추울까요. 선희가 난로에 화상을 입을까? 두려우면서도 난로를 놓은 이유랍니다.

그곳의 공부 많이 힘드시죠? 또 잠이 많은 당신께서 아침밥도 제때 못해 드시는 건 아닌지 걱정입니다.

12월 7일 영래 도령 결혼식에 혼자 아침 첫차로 광주 내려가 그날 올라오려고 계획 중입니다. 세간살이 장만해 주려다 도령께서 현금으로 주었으면 하는 눈치길래 30,000원 정도 준비하고 있습니다. 아무튼 좀 힘이 듭니다. 안녕, 당신 건강 비오며.

          * 편지 받은 즉시 답장 주세요.

      1973년 11월 25일

09
기다림

건강하신지요.
이곳 식구들 무고합니다.
왜 당신한테선 8일째 무소식인지.

11월 20일 달랑 봉함엽서 한 장이 온 뒤로 소식이 깜깜합니다. 편지 주세요. 공부로 바빠 그런가 보다 하면서도 방정맞은 생각에 이 생각 저 생각 걱정이 되어 고민으로 변하려고 합니다.

당신이 떠난 후 웬일인지 조금씩 살이 찌더니 이젠 누우면 금방 꿈속으로 들어가 버립니다. 그렇다고 흉하게 보일만치 살이 찌는 것은 아니니 많은 걱정 마시기 바랍니다.

사람들은 머리에 고데만 해도, 새 옷으로 갈아입기만 해도 야단입니다. 누가 유혹하면 어쩌냐면서요. 다들 걱정도 태산이죠. 세상에 저 같은 사람에게 그런 걱정을 하다니.

요즘 우리 선희를 보면 예뻐서 깨물어주고 싶습니다. 당신 계실 때처럼 아프지 않고 잘 자라고 있습니다. 너무 방안에서 키우는가 싶어 밖으로도 내보내고 싶지만, 너무 추워 엄두가 나지 않습니다.

경숙 아가씨도 요즘 시험이랍니다. 11월 말 시험 끝나면 12월 1일 방학이 시작된다고 하는군요. 시골에 내려가 좀 있다 오겠답니다. 내가 서울에 함께 있자고 했더니 그러자 했고, 나중에 얼마간이라도 내려갔다 오는 게 좋을 것 같다고 말하자 다시 그러자고 하더군요. 집에 간다며 콧노래를 부르는 것이 신이 난 것 같습니다. 아가씨는 공부하다 불을 켜 놓은 채 잠들기 일쑤였는데 요즘은 시험이라 그런지 늦게까지 열심히 합니다. 우리 셋(나와 아가씨, 애숙)은 요즘 호흡이 잘 맞습니다.

오는 12월 7일 영래 도령 결혼식 때 아가씨랑 새벽차로 함께 내려갈까 합니다. 11시 정각 광주 국제예식장이랍니다. 영래 도령은 여수에 방 한 칸 얻어 놓았답니다. 처가에는 장롱이나 세간살이 필요 없다고 말해놓아 아무것도 가져오지 않나 봅니다. 신부에게 폐물 준비하라고 150,000원을 주었다 합니다. 안녕, 건강을 빕니다. 소식 주세요.

1973년 11월 27일

유럽 다른나라 여행을 마치고 네덜란드에 돌아와서 보낸 엽서

10
앞당겨진 방학

희소식 기다리며 펜을 듭니다.
엊저녁 꿈자리가 어찌나 사납던지 아직도 뒤숭숭합니다.

아버님께서 부친 편지가 오늘 도착했습니다. 편지엔 결혼식에 미리 오지 말고 12월 7일 당일 아침 6시 반 고속버스로 출발하라는 당부 말씀이 적혀있었습니다. 당신께는 결혼식 당일 첫 차로 내려간다고 말했지만, 실은 전날 예당에 내려가려고 마음먹고 있었습니다. 아버님께서 직장 생활하는 제 사정을 이해하시고 당일 내려오라고 하시니 그저 고마울 뿐입니다.

기름 사정이 심각해 각급학교의 방학이 앞당겨진답니다. TV와 라디오 뉴스에 나왔습니다. 교육청에서도 12월 4일 종업식을 마치고 방학에 들어가라는 명령이 떨어졌습니다. 영래 도령 결혼식 때문에 결근할 뻔했는데 참 잘 되었습니다.

요즘 당신 없는 밤이 무섭습니다. 방정맞은 생각이 앞을 다투어 덤빕니다. 당신! 그곳 생활 적어 주기 싫으시나요? 아님, 제 편지 아직 받지 못하셨나요? 대답 없는 글만 계속 보내자니 답답하기 그지없습니다.

선희는 잘 자라고 있습니다. 나날이 재롱도 늘고요. 아리랑을 부르면 어느 틈에 두 손이 어깨 위로 올라가 춤사위를 펼칩니다. 우리 선희가 당신을 닮았으면 똑똑하겠지요.

공부하시기 힘드시리라 믿습니다. 더군다나 각국 학생들이 백화점의 물건처럼 모여들었다니 더욱 그러리라 짐작됩니다. 하지만 주무시기 전 몇 자 정도는 적어 이틀에 한 번쯤은 답을 보내주어야 하지 않겠습니까. 건강하시고 공부 열심히 하시고 그러다 생각나면 펜 한 번 들어 보십시오. 안녕, 건강을 빕니다.

1973년 11월 30일

아버지가 아들에게 ①

알래스카에서 보낸 제1信(신)부터 3(信)까지, 오늘 잘 받았다. 잘 있다니, 어머니도 여간 반가워서 너의 便紙(편지) 읽고 또 읽고 또 읽고 하시는구나.

마당 앞 감나무도 落葉(낙엽)이 다 지고 몇 개 남은 빨간 열매만이 벌거벗은 나무 끝에 대롱대롱 매달려 바람에 흔들거리니 아마 여기 故國(고국)에도 본격적인 겨울철로 접어들었나 보구나. 大小家(대소가) 편안하다.

서울 消息(소식)도 자주 듣는다. 감과 양념도 보내주었다.

영래 結婚式(결혼식)은 12월 7일 오전 11시 光州 國際禮式場(광주 국제예식장)에서 擧行(거행)하기로 했다. 네가 없어 무한히 섭섭하지만 本人(본인)이 서두르니 어쩔 수 없구나. 어젯밤에도 집에 다녀갔다. 어머니께 용돈 드리고 양래 학비도 주더구나.

學業(학업)에 充實(충실)하고 交通事故(교통사고) 조심해라.

그리고 네덜란드를 中心(중심)으로 해서 北韓 間諜團(북한 간첩단)의 活躍(활약)이 심한 모양이니 各別(각별)히 主意(주의)하거라. 잘 있어라. 나도 잘 있으마.

아버지. 1973년 10월 23일

알라스카에서 보낸 第一信 부터
오늘도 信 받었다
잘 있다니 어머니도 여러 반가워서 너의
편지를 읽고 또 읽고 하시는구나
우리집 감나무도 落葉이 다 지고 몇개 남은 열
매만이 흔들리는 나무끝에 빨가케 대롱대롱 바
람에 흔들리니 아까 여기 故國에도 本格
的인 겨울철로 접어들었나 보다
大小家도 均安하다 서울消息도 자조듣
고 감과 양념도 또 보내줬고
永來 結婚式은 十一月 七日 午前 十一時 光
州 國際禮式場에서 擧行하기로 했다
내가 않어 無限 섭섭하지만 本人이서
두루이 어쩔수 없구나 어제 받은 편에
다녀 왔다 어머니께 용돈도 주고 양래
도 대로 한단다
學業에 충실하고 交通事故에 조심하고
요즘네 데란드를 中心해서 北韓間諜團의
活躍이 심한 모양이니 각별 注意하고
잘 있거라 나도 잘 있으까
十月 二十日
아버지

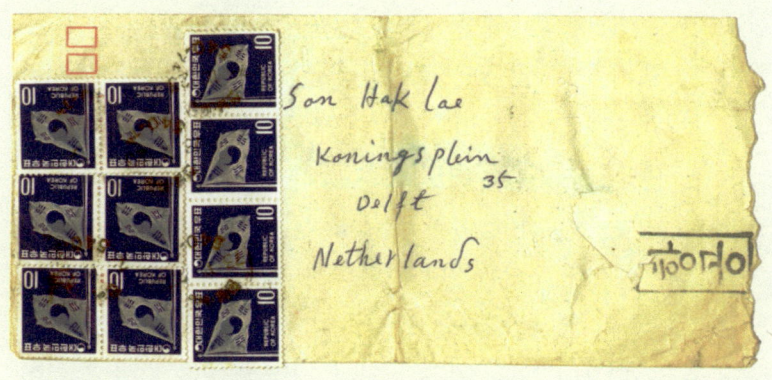

Son Hak Lae
Koningsplein 35
Delft
Netherlands

영래 편지 ①

형님 前.
보내 주신 편지 반갑게 받았습니다.
가난한 조국에 대한 연민의 정을 느끼면서 구라파 여행을 다니는 형의 심정을 어떻게 이해할까요?
지난 일요일에는 서울에 다녀왔습니다. 형수씨, 경숙이, 애숙이 그리고 깐희, 모두 잘 있더군요. 안방에 연탄난로를 설치하고 있어서인지 형수씨의 얼굴에서 형이 없는 공허의 연민보다 오히려 남자가 없는 집이지만 활기가 넘치고 있었습니다. 형수씨의 얼굴에서나 멋모르는 깐희의 얼굴에서나 역시 활기가 넘치고 있어서 방문했던 저 역시 마음이 가벼웠습니다.
예당 부모님, 복래 누나(편지 좀 하라고 하더군요), 순천의 양래 모두 잘 있습니다. 양래에겐 제가 월 1만 원씩 주고 누나가 5천 원 주기로 합의하여 공부에 전념토록 하겠습니다.
거기에서는 고국의 소식 잘 받고 있는지요.
신문이나 신동아 한 권을 매달 부치려고 하는데 혹시 받고 있는지, 받고 있지 않다면 대망의 74년 1월호부터 우선 신동아를 부치겠습니다. 그리고 이번 크리스마스를 맞아 복래 누님이 참기름을 부치기로 하였습니다.
저 역시 오는 10일경에 여기 고국의 선물이나 보내겠습니다. 그리고 이 편지가 도달하거나 도달하기 전이 되겠습니다만, 12월 7일로 저의 결혼 일자를 잡았습니다. 형님의 말씀대로 연말을 추진하였으나 모든 여건상 금년 내로 결정할 수밖에 없었습니다. 형님이 계시면 한결 마음 든든히 결혼식을 올릴 수 있으련만 아쉬움만 더해갑니다.

12월 20일경부터는 저의 공무가 연말이라 바빠져서 12월 7일로 결정하고 요사이는 담담하게 지내고 있습니다.

결혼이 결코 장난은 아니지만 그렇다고 머리를 싸매고서 심사숙고해도 결론을 얻을 수 없는 미지수이더군요. 멀리서나마 마음의 축복을 보내주시기 부탁합니다.

결혼 비용은 집에서 10만 원 보태주고 제 곗돈을 미리 앞당겨 그럭저럭 해내고 있습니다. 여수에서 내년 봄까지 보낼 계획으로 저의 셋방살이를 시작해 보렵니다. 마음의 준비는 되어있지만 그 과정을 차후 연락하겠습니다. 예식 장소는 광주로 정했습니다. 형수씨도 그날 내려오시기로 하였습니다.

11월 15일 날 광주-서울이 4시간, 순천-광주가 1시간 대로 되어서 서울이 조금 가까워졌습니다.

튤립꽃이 만발하고 풍차가 돌고 자전거가 많고 인구밀도 세계 제1위의 네덜란드가 저의 상식이지만 거기에도 겨울이 오고 있겠죠. 멕시코 난류의 영향으로 우리나라 겨울보다 따뜻하다고 하는데 거기도 유류 파동이 일고 있는지요.

신혼여행을 12월 10일경 끝내고 바로 여수로 내려올 예정입니다. 그때 제수씨(영상)하고 함께 펜을 들어 나머지 얘기 드리겠습니다.

건강이 항상 함께 있길 바랍니다.

     영래 올림 1973년 11월 30일

11
취득·상속세 다 해결했습니다

당신의 답장이 13일째 뜸하다 어제 도착했습니다. 그동안 걱정 많이 했습니다. 이 편지는 당신께 보내는 열한 번째 편지입니다.

책과 약을 11월 13일 새벽 일찍 일어나 중앙우체국으로 달려가 부쳤는데 아직 받았다는 말씀이 없으니 어찌 된 일일까요. 집 안에서 일어난 일은 이틀 단위로 자세히 적어 보냈습니다. 이제 겨우 4통을 받아 보았다니 그럼 소포와 나머지 편지 8통은 어찌 되었을까요.

주소 칸 No라고 된 곳에 아래 점 두 개를 안 찍었는데 다른 장소로 배달되지 않았는지 모르겠습니다. 당신 주소가 516-8인데 518-8로 적혀 올 때도 있습니다.

당신께 보내는 편지는 집 앞 우체통에 넣지 않습니다. 하루라도 더 빨리 도달케 하고 싶은 마음에 꼭 중앙우체국에 가서 보냅니다.

변비 증세가 해소되었다니 다행입니다. 이곳 식구들은 모두 잘 있습니다. 큰 언니는 일주일에 한 번은 우리 집에 꼭 들릅니다. 낮이나 밤이나 무슨 일이 있나 없나 궁금하답니다.

둘째 언니는 당신 떠나고 한 번도 오지 않았습니다. 전에 아픈 곳이 점점 심해지나 봅니다. 빨리 수술 날짜를 잡아야겠다고 말하더군요. 울산 언니는 한 번 다녀갔습니다.

재무 씨가 11월 25일 당신의 봉급 15,000원을 주고 갔습니다. 고마운 분이지요. 학교는 유류난 때문에 12월 5일을 기해 방학에 들어간다는 공문이 왔습니다. 그럼에도 꼬장꼬장한 우리 교장은 날씨가 따뜻하면 학교에 계속 나와야 한다고 말합니다.

취득세와 상속세는 큰 형부가 모두 해결해 주었습니다.

애숙, 경숙 아가씨도 다들 잘 있고 재미있게 지내고 있습니다. 경숙이는 12월 1일부터 방학이라 집에 갔다 오겠답니다.

결혼하는 영래 도령 주라고 시골 아버님께 삼만 원 부쳤습니다. 12월 7일 결혼식장에 가기 위해 서울에서 첫 고속버스를 탈 계획입니다. 식을 마치고 막차로 올라오려고 생각 중입니다.

하루하루 늘어가는 선희의 재롱을 시간 가는 줄 모르고 바라봅니다. 제가 모든 신경을 선희에게 쏟았더니 살도 찌고 키도 커진 것 같습니다. 어리광도 프로급이구요. 눈치도 보통이 아니랍니다. 애숙이 말이라면 꼼짝 못합니다.

이곳 걱정은 마시고 오로지 건강 챙기며 공부에만 집중하십시오. 당신이 안 계셔 힘에 겨운 일이 있지만 모든 것이 그런대로 잘 진행되고 있습니다. 어머니 생신 선물로 조끼 떠서 보냈습니다.

1973년 12월 1일

12
빨래로 거칠어진 당신의 손

건강하십니까. 오늘은 12월 4일, 날씨 급강하. 영상으로 유지되던 날씨가 갑자기 영하 7도, 내일은 최저 영하 10도, 최고 영하 3도, 전방은 영하 24도라고 하는군요. 정말 춥습니다. 이런 가운데 다른 학교들은 학생, 교직원 모두 방학에 들어갔는데 우리 학교는 내일 방학식만 할 뿐이지 교직원들은 25일까지 출근해야 합니다. 우리 교장이 그렇게 결정했답니다. 학생들이 등교하지 않아 마음의 부담은 없어도 교장이 미워 죽겠습니다.

경숙 아가씨는 오늘 아침(12월 4일) 시골로 떠나고 애숙, 저, 선희 이렇게 셋만 남았습니다. 한 사람의 빈자리가 이토록 큰지 몰랐습니다. 선희와 저의 체온으로 따스함을 겨우 유지하고 있습니다. 부엌에는 얻어 온 강아지 한 마리(스피치 2개월)가 춥다고 캥캥거립니다.

김명자 선생님 남편이 운영하던 치과가 응암동으로 옮겼습니다. 오늘 그곳에 다녀왔습니다. 때로 너무도 허전한 마음에 끝없이 방황도 해보고 싶으나 그럴 수 없는 처지에서 모든 것을 억누르며 오늘도 당신이 귀국할 날만 손꼽아 기다립니다. 그런 가운데서도 마음속 깊은 곳에선 당신에 대한 걱정이 일어납니다. 밥 잘해 드시는지, 빨래한다고 손은 거칠어지지 않았는지.

정구는 잘 치고 계십니까. 틈틈이 운동하면서 건강 챙기십시오. 보낸 책과 약 받아 보았는지 궁금합니다. 가는 곳마다 사진 많이 찍어 보내 주십시오.

당신 다니는 학교도 방학이 있습니까? 하루 일과는 몇 시에 시작해 몇 시에 끝나는지요. 또 학교 주변의 환경은 어떻습니까. 당신이 속한 반은 어느 나라에서 어떤 사람들이 모였을까요. 모두 뛰어난 사람들이기에 경쟁이 치열하겠지만, 열심히 노력해 좋은 성적 거두고 돌아오십시오. 당신이 비록 가난한 나라에서 왔지만, 머리로는 얼마든지 그들을 이길 수 있을 것입니다. 당신을 응원합니다.

1973년 12월 4일

델프트 하숙집

13
영래 도령 결혼식 날의 눈물

어제 갖은 고생 끝에 영래 도령 결혼식 다녀왔습니다. 출발부터 한바탕 소동을 벌였습니다. 새벽부터 한진, 동양, 광주고속을 오가며 광주행 표를 구했으나 실패했습니다. 요즘 유류 사정 때문에 버스 운행을 줄여 표 구하기가 어려워진 탓입니다. 광주고속을 찾아가 사정 끝에 겨우 7시 정각 출발하는 버스에 입석으로 탔습니다. 계속 서 있을 수 없어 바닥에 신문지를 깔고 앉았습니다. 숙녀 체면이 말이 아니었지요.

아무튼 어렵사리 예식장에 당도하니 저 오기만 기다리다 더는 기다릴 수 없어 예식을 막 시작하려던 참이었습니다. 어머니께서 그러셨답니다. 우리 큰며느리 도착하지 않으면 절대 예식 시작할 수 없다고요.

제가 식장에 들어서자 모두가 달려와 반겨주는 바람에 혼이 빠지는 줄 알았습니다. 아버님께서는 무슨 일 있어 늦는가 싶어 걱정했다며 한동안 제 손을 붙들고 놔주지 않으셨습니다. 저는 너무나 정신이 없어 신부 얼굴도 제대로 보지 못했습니다. 순간, 맏며느리란 자리가 이토록 무겁고, 그러기에 가족들의 기대와 사랑이 참으로 크다는 것을 깨달았습니다. 어머니께선 새

동서와 저에게 함께 주려고 반지 두 개를 장만 하셨다면서 그중 한 개를 저에게 주시더군요. 반지를 받아 든 순간 눈물이 핑 돌았습니다.

어머니는 연신 당신이 있었으면 오늘 예식이 더 빛났을 것이라며 아쉬워하셨습니다. 복래 누님도 당신 생각에 눈물을 보이셨습니다. 왜 내겐 편지 한 통 없냐고 섭섭해하기도 했습니다. 이 편지 받으면 즉시 누님께 편지 드리십시오.

예식이 끝난 후 손님들은 '예명'이라는 식당에서 식사했고, 집안 식구들은 신부 집으로 초대받아 거기서 점심 대접을 받았습니다. 새신랑 신부는 부산으로 신혼여행을 떠났습니다. 원래 제주도로 가려고 했으나 유류 사정으로 비행기가 뜨지 않아 장소를 바꾸었다고 합니다. 신랑 신부가 신혼여행에서 예당으로 돌아오는 11일, 폐백을 올리고 동네잔치를 연답니다. 영래 도령은 여수에 20만 원짜리 방 두 개 딸린 전세방에서 신접살림을 시작한다는 소식입니다. 저는 오후 3시 45분 버스로 서울 올라왔습니다.

그런데 오늘 복래 누님께서 창살값이며 애숙이 방값 등을 전부 당신에게 주었다고 하시면서 할머니 방 고친 비용만 주시니 어찌 된 일입니까. 당신이 내게 가르쳐주지 않은 것도 있습니까. 모두 말씀해 주셔야 제가 괜한 오해를 하지 않을 것 같습니다.

요전에 부친 편지가 20원 미납이라고 되돌아왔습니다. 이 봉함엽서엔 20원을 더 붙여 보냅니다. 요즘 선희는 내게서 단 1초도 떨어져 있으려 하지 않습니다. 안녕, 공부 열심히 하시고 건강 빕니다.

1973년 12월 8일

아버지가 아들에게 ②

전번의 편지 잘 받았는지 여간 궁금하구나.
이국의 생활에 많이 익숙해졌겠지.
이곳 대소가는 모두 無故(무고)하다.
그리고 어제 광주에서 영래 결혼식은 성대히 거행했다.
네가 없어 어머니가 여간 섭섭해하지 않으셨다. 너의 妻(처)는 7일 아침에 서울에서 출발해서 예식에 참석하고 다시 서울로 올라갔다. 쌀 한 가마니 보내주고 했다.
복래 누나가 편지 없다고 하니 자주 편지하여라.
몸조심하고 잘 있거라.

아버지. 1973년 12월 8일

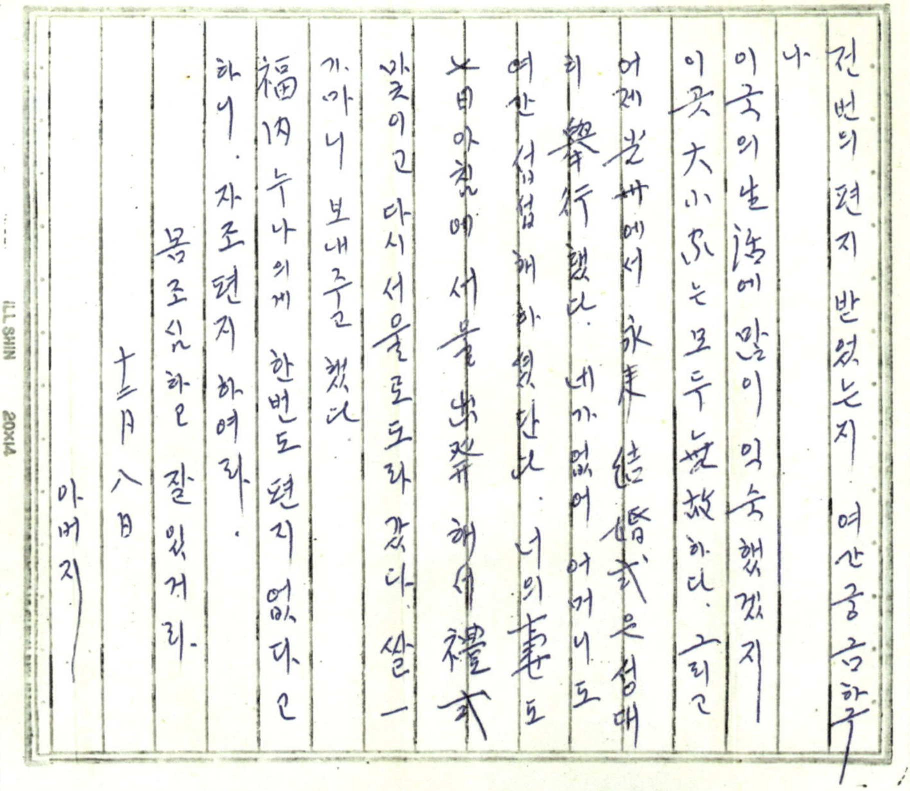

전번의 편지 받었는지. 여간 궁금하구
나.
이국의 生活에 많이 익숙했겠지
이곳 大小家는 모두 無故하다. 그리고
어제 光州에서 永夫 結婚式은 성대
히 擧行했다. 네가 없어 어머니도
여간 섭섭해 하였단다. 너의 妻도
七日 아침에 서울 出発해서 禮式
맞이고 다시 서울로 도라 갔다. 쌀 一
가마니 보내주곤 했다
福内 누나의게 한번도 편지 없다고
하니. 자조 편지 하여라.
몸조심 하고 잘 있거라.
十二月 八日
아버지

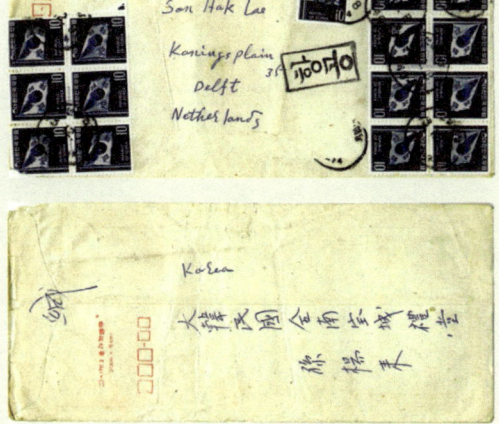

누나 편지 ①

동생 보아라.
네가 외국 떠난 지 3개월이 넘는구나.
그동안 몸 건강히 공부 잘하고 있느냐.
이곳에 계신 부모님, 또 우리 집,
영래도 잘 있단다.

경숙이와 양래는 방학이라 집에 내려와 있다.
이번에 영래 결혼식 무사히 잘 마쳤다. 12월 11일 동네 사람들 술 한잔 대접하고 그날 신행을 했단다. 광주 예식장에는 사람들이 많이 와 축하해 주었다. 축의금이 약 25만 원 정도 된다고 하더라. 집에서 들어간 결혼 비용 충당하고 영래에게 10만 원 정도 챙겨 주었단다.

그날 어찌나 네 생각이 나던지 눈물이 나더구나. 만약 네가 있었으면 그 자리가 얼마나 빛나고 좋았겠냐. 네 처는 차를 놓쳐 오면서 고생을 좀 했고 식장에도 좀 늦게 도착했다.

어머님은 네 생각 때문에 목이 메었다고 하시더라. 네가 떠나던 비행장에서도 많이 우셔서 우리가 위로해 드렸었다. 자식에 대한 사랑이 없는 부모가 어디 있겠냐만 우리 어머니는 유별나신 분이란 느낌을 받았다.

그런데 너 누나한테 너무하더구나. 그래 두 달간 엽서 달랑 한 장이냐. 그것도 정희 앞으로.

누나가 아무리 정이 없기로서니 엽서 한 장이 그렇게도 아깝던? 솔직히 너 편지를 눈이 빠지게 기다렸다.

집에는 몇 번이나 하면서, 영래한테도. 그리고 서울엔 며칠마다 편지가 온다는 소식 듣고 얼마나 서운했는지 모른다. 형제간의 정이란 것도 크면 다 소용없다고 생각하면서.
하긴 나는 형제간이나 친정 일이라면 몸이 부서지는 것도 마다않았다만, 모두 나와 같을 순 없겠지.
오랜만에 편지하면서 싫은 소리만 늘어놔 미안하다.
그리고 집수리비가 5만 원 나왔다고 네 처한테 연락이 와서 계산되었다고 말했으니 오해 없도록 잘 설명해라. 그때 너한테 못 받은 5만 원을 수리비로 쳤다.
몸 건강하기 바란다.

        복래에서 누나 1973년 12월 17일

14
슬픔을 당한 강용 씨

지금 시각 새벽 2시 30분입니다. 세상 사람 모두 잠이 들었는지 주위가 고요합니다. 가끔 방범대원이 부는 듯한 호루라기 소리가 밤의 정적을 깨지만 웬일인지 그리 날카롭게 들리지 않습니다. 잠든 사람들의 안위를 지켜주는 파수의 확인이라 외려 안도감이 듭니다.

지금 우리 반 아이들의 생활통지표를 작성하는 중입니다. 이럴 때 당신이 늘 하던 말씀이 생각납니다. "좋게 써주어! 어떤 아이라도 좋은 점 하나씩은 갖고 있어" 혼자 빙그레 웃습니다.

그러나 밤마다 불안해지는 이 마음, 어찌하오리까. 이 불안은 아마도 당신이 돌아오기 전까지 쉽사리 떨쳐 내지 못할 것 같습니다. 아무튼 당신이 몸 건강히 공부 열심히 하고 돌아오시는 것만이 불안한 내 마음에 값하는 것이라는 사실 명심하십시오.

건강하시다니 반갑습니다. 당신의 아홉 번째 엽서 받고 저의 열네 번째 편지 보냅니다. 그 사이 제가 보냈던 편지가 소인이 찍힌 채 되돌아왔습니다. 유류 사정 때문이라고 설명하는데 저는 이해하지 못하겠습니다. 아무리 유류 사정이 어려워도 가던 편지가 되돌아오다니, 이 답답한 마음을 어찌 달래야 할까요.

이강용 씨 부부

결혼식에 갔을 때 복래 누님께서 삼천 원을 주셨는데 어제 주택은행에 납부했습니다. 은행에 다녀오면서 이강용 씨가 운영하는 '하나식품'을 찾아갔습니다. 하나식품은 주택은행 바로 앞 불광동 시외버스 정류장 앞에 있습니다.

가게를 찾았을 때 최 군과 강용 씨가 바쁘게 손님을 맞고 있더군요. 그런데 충격적인 이야기를 들었습니다. 놀라지 마십시오. 강용 씨 아기가 며칠 전 숨을 거뒀답니다. 멀쩡히 잘 놀다 갑자기 경기를 일으키더니 그리되었다 합니다. 한동안 말을 잇지 못했습니다. 무슨 말을 해야 좋을지 몰라 잠자코 있었습니다. 슬픔을 이기고 가게 일에 전념하고 있는 강용 씨가 놀라울 뿐이었습니다.

강용 씨는 재무 씨 부부가 어제 하나식품에 들러 전기난로를 사 갔다는데 자기를 위로해 주려고 일부러 방문해 주었다고 생각하더군요. 분위기가 무거워 나중에 들르겠다고 하고선 생필품 몇 가지 사 들고 서둘러 집에 돌아왔습니다.

가게는 경숙 아가씨 방 2/3 크기로 크진 않지만 잘 되는 듯싶었습니다. 당신, 이 편지 받은 즉시 강용 씨에게 위로의 편지 꼭 보내십시오.

당신이 보낸 아홉 번째 엽서에 당신 주소가 다르게 적혀 있더군요. 어찌 된 영문인지요. 벌써 집을 옮겼습니까. 왜 당신은 내가 편지로 물어본 답에 침묵하는지, 저는 하루건너 한 번씩 집에서 일어난 온갖 일을 자세히 적어 보내는데 당신은 그러지 아니합니다. 저도 당신 소식 궁금하답니다.

은진네는 재판까지 갈 것 같습니다. 형부께서 변호사를 선임하려고 광주에 내려갔답니다. 골치가 아픕니다. 대전 언니도 돈 때문에 큰언니네 집에 올라와 있다고 합니다. 대전 언니는 당신 떠난 줄도 모르고 얼마 전 시외전화로 당신 근무하던 사무실에 전화를 걸었답니다.

오늘 이강용 씨가 당신 떠날 때 공항에 못 나가 대단히 죄송하다고 전해 달라 했습니다. 그날이 가게 인수하는 날이었답니다.

건강 빕니다. 안녕.

1973년 12월 11일

15
신랑 신부의 예당 잔치

12월 7일 당신이 보낸 엽서 잘 받았습니다.
이곳 식구들은 모두 건강합니다.

어제 은진이가 우리 집에 왔습니다. 오랫만에 오늘밤 안방에는 당신의 부인과 손선희, 은진이, 애숙이 이렇게 넷이서 함께 자게 될 것 같습니다. 경숙 아가씨가 시골에 내려가 건넌방은 비어있습니다. 오늘도 학교 갔다 돌아와서 애숙과 은진이를 목욕탕에 보내고 지금 편지를 쓰는 중입니다.

선희가 어찌나 시끄럽게 악을 쓰는지 제 딴엔 인상을 쓰며 손짓까지 해가면서 엄마에게 야단을 칩니다. '아리랑' '산토끼' 등 시키는 무용은 다 합니다. 다른 무용도 TV를 보면서 척척 따라 합니다. 저는 방학 동안에 학생들을 모아 과외 지도를 계획하고 있는데 얼마나 호응이 있을지 모르겠습니다.

월요일 이강용 씨 식품점에 다녀오면서 여러 이야기를 적어 편지 보냈는데 당신이 보낸 엽서엔 다른 주소가 적혀있더군요. 집을 옮기신 겁니까. 그 편지가 당신께 제대로 전달 되려나 염려됩니다.

당신이 안 계셔서 답답하고 재미없는 날의 연속인데 요즘 물가까지 올라 속이 상합니다. 기름 사정 때문에 네덜란드 수상은 자전거를 타고 다닌다지요? 뉴스를 통해 그 나라 소식 접했습니다.

11일 날, 새신랑 신부가 예당에 내려가 잔치 벌였다는 소식 들었습니다. 큰며느리로서 못 가는 심정이 괴롭습니다. 어찌하면 모든 사람을 만족시키며 살 수 있을까요. 저로서도 맡은 일이 있고 어린 아기를 키우는 엄마의 형편이라 마음먹은 대로 행동할 수 없음을 이해해 주기 바랍니다.

당신이 보내오는 답장을 세심히 읽어보면 그곳의 생활에 무척 재미있어하는 마음이 보입니다. 혹시나 선희와 저를 잊으셨나 걱정들 만치요. 몸 건강하시고 공부 열심히 하십시오. 안녕.

1973년 12월 13일

16
당신이 그립습니다

건강, 무고하신지요. 당신의 선희와 저 몸 건강하고 무탈합니다. 공부하는 것이 말처럼 쉽지 않은 것인데 그것도 물설고 낯선 외국임에랴 얼마나 애로가 많을지, 그런 생각이 들면 따뜻한 내 나라에서 선희 하나 보살피며 사는 게 뭐 그리 힘드랴 생각합니다. 하지만 그럴수록 당신의 빈자리가 허전하고 자꾸만 그리움이 밀려옵니다. 가끔 앨범 속의 당신을 바라보며 스스로 위로해 보지만 그것만으로 어찌 당신에 대한 애타는 그리움을 달랠 수 있겠습니까. 가슴이 텅 빈 것처럼 공허하기만 한 내 마음을 편지지에 적지 아니하곤 견딜 수 없어 또 펜을 들었습니다.

지금 시각 새벽 1시 30분. 당신이 떠나신 후 이 시간이 되도록 잠을 이루지 못할 때가 많은데 오늘밤은 학생 생활 기록부를 다시 정리하며 시간을 보냈습니다. 전에 당신과 경숙 아가씨를 졸라 정리를 끝낸 것이지만 다시 검토해 보니 한문도 틀린 것이 있고 잉크가 번진 것이 있기에 새로 용지를 사다 정리했습니다.

그런데 당신의 글씨를 보니 또다시 당신이 그리워지는군요. 선희, 당신 계셨으면 당신 품에 안겨 얼마나 재롱을 피웠을지 생각만으로도 가슴이 뜁니다. 그런데 요즘 선희가 아빠라는 말을 잃어버린 것 같습니다. 그리고 남자를 보면 공연히 울음을 터뜨립니다. 아빠를 부르지 않아 아빠란 단어를 잊어버리고 남자들에게 이질감을 느끼는 건 아닐까요. 대신 어리광은 훨씬 늘었습니다.

내일이면 15일, 이제 학교는 그만 나가고 연수라는 이름으로 집에 있게 됩니다. 가끔 학교에 나가기도 하겠지만 지난 여름방학에 1급 정교사 연수를 마쳤으니 한가할 것 같습니다. 당신만 옆에 계신다면 비록 석유 파동이 불러오긴 했지만, 가슴 두근거리는 사춘기 소녀처럼 꿈 같은 방학이 될 뻔했습니다.

요즘처럼 추운 날씨에도 정구는 치십니까. 정구를 치지 않아도 입맛에 덜 맞는 음식 때문에 체중은 줄지 않았습니까. 의복도 모자라는 것은 없습니까. 혹시 필요하시다면 즉시 편지하십시오. 바로 준비해 보내겠습니다. 오늘 모처럼 정재무 씨에게 전화를 걸어 보았습니다. 언제나 반갑게 받아주셔서 고맙더군요.

이번 편지가 스무 번째, 당신이 12월 7일 보낸 엽서가 열 번째입니다. 받은 편지에 번호를 매기며 매일 편지함을 들여다봅니다. 당신의 답장이 왔을 성싶은데도 보이지 않을 때 몹시 실망합니다. 혹시 사진 찍은 것 있으면 보내주세요. 그곳에서 당신이 어떻게 활동하는지 몹시 궁금하답니다. 당신은 매사에 빈틈없고 실수가 없지만, 원숭이도 나무에서 떨어지는 법. 무슨 일을 하든 신중에 신중 거듭하십시오. 당신에게 가끔 엉뚱하게 덤비는 성격도 있다는 것 잘 압니다. 안녕, 건강을 비옵니다.

1973년 12월 14일 저녁 때

17
고추장과 된장 보내려다가

당신께 보낼 크리스마스 새해 선물로 무엇을 고를까 고민하다 김으로 정했습니다. 최 군에게 부탁해서 최상품으로 세 톳(300장) 사 왔습니다. 그것을 부치려고 막 집을 나서는데 당신의 편지를 받았습니다. 방으로 돌아와 편지를 개봉하니 고추장, 된장, 멸치 등을 부치라고 하셨더군요.

요즘 유류 사정 때문에 물가가 오르지 않은 것이 없습니다만 당신의 부탁인데 무엇이 아깝겠습니까.

고추장과 된장은 무게가 무거워 부치는 삯이 비싸기도 하지만, 그것보다 가는데 시간이 많이 걸립니다. 먼저 김과 통멸치와 멸치 가루를 보냅니다.

멸치 가루를 만들기 위해 종일 다듬고(똥을 버리고) 찧었습니다. 국이나 찌개에 넣어 드십시오. 통멸치는 다듬은 다음 볶아 드시기 바랍니다. 많이 넣는다고 맛이 나는 것이 아니니 적당히 넣으십시오.

아무래도 고추장과 된장은 어머니와 상의해 준비해야 할 것 같습니다. 집에 남은 것이 거의 없습니다.

20원 미달로 되돌아온 편지와 함께 이 편지 부칩니다. 어제는 앞이 보이지 않을 만큼 큰 눈이 내렸습니다. 갑자기 애숙이가 감기로 끙끙 앓았습니다. 열이 39도까지 오르더군요. 얼른 약국으로 달려가 감기약을 사서 먹였습니다. 우리 선희는 제가 잘 보살폈음인지 아직 감기 한 번 걸리지 않았습니다. 저도 마찬가집니다.

며칠 전 연탄가스가 새 들어와 큰일날 뻔했습니다. 뒷집 주인이 자기 집 마당에 우리 연통에서 녹물이 떨어진다고 어찌나 난리를 치던지, 사람을 시켜 연통 방향을 틀어 놓았었습니다. 그런데 높낮이가 맞지 않았는지 그만 연통에 물이 고이고 말았답니다. 그 바람에 가스 배출이 되지 않아 제가 죽다 살아났습니다. 몸살과 가스 중독이 겹쳐 23일부터 사흘 동안 앓아누워 있었지요. 사람 불러다 가스 배출 잘 되게 연통 단속 잘 단속했으니 걱정 안 해도 됩니다. 그리고 사람이 그리 쉽게 죽지 않습니다.

당신이 혹시 새장가 드실까 봐 이렇게 살아나 펜을 들었습니다. 오직 공부, 공부에 열중하십시오. 그리고 1등 해 오십시오.

1973년 12월 19일

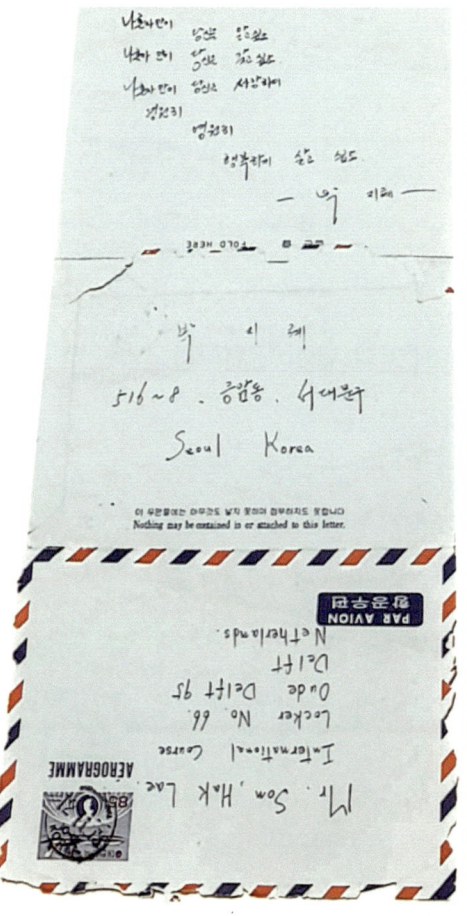

18
새해에도 복 많이 받으세요

새해 만수무강 하시길.

여보! 날이 밝아 옵니다. 내일의 날이 말입니다.

해가 바뀌어 옵니다.

문안 인사받으옵소서.

철없이 뛰놀던 그때,
그때를 넘기고 이렇게 자라
철없는 아이 하나 갖고 있습니다.

또다시 말없이 흘러가는 세월 속에
낙엽처럼 나부끼는 아까운 내 인생을
당신과 함께 걸어보렵니다.

1973년 12월 19일

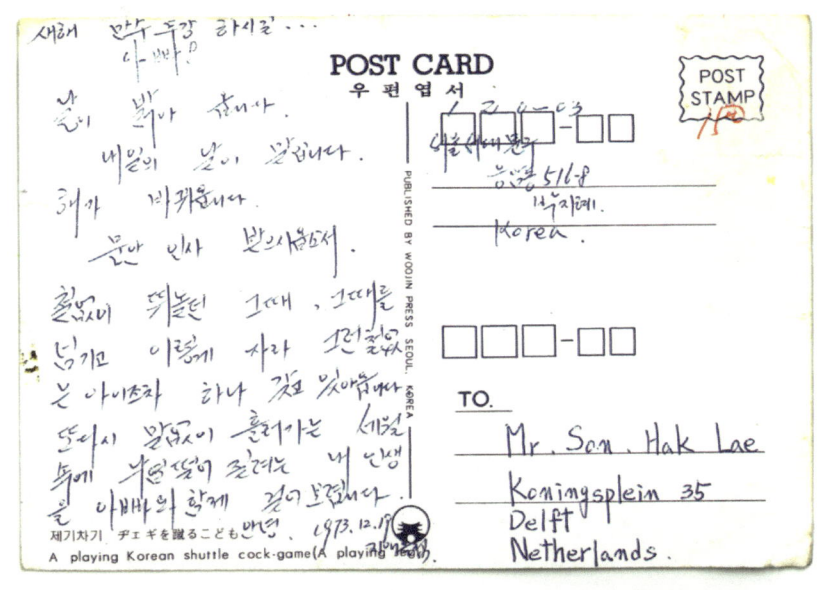

19
한강이 얼어붙었습니다

무고하십니까. 이곳 식구들 모두 무사합니다. 꾸준히 보내주시는 당신의 편지 받으며 즐거운 마음으로 하루하루를 보내고 있습니다. 다만 어서 시간이 흘러 당신이 귀국할 날이 왔으면 좋겠습니다.

크리스마스 즐겁게 보내셨는지 궁금합니다. 저는 잠시 감기로 조금 앓았습니다. 영우가 목포에서 31일 결혼식을 올립니다. 몸도 아프고 돈도 궁해 안 가고 싶은 마음뿐입니다. 영하 17도의 강추위로 한강이 얼어붙었습니다. 6년 만의 강추위라는군요. 집안의 수도관이 모두 얼어붙어 사람을 시켜 계량기 옆에 다시 파이프를 연결해 물을 얻고 있습니다.

선희는 나날이 재롱이 늘고 몸도 크고 건강합니다. TV를 보면서 노래한다며 소리를 지르기도 하고 박수도 쳐가며 무용을 따라 합니다. 귀엽기 짝이 없습니다. 당신이 보아줄 수 없기에 안타까울 뿐입니다. 당신! 요즘 제게 왜 답장이 뜸합니까. 교장이 당신한테서 20일 카드 도착했다고 말해주더군요. 그런데 저에게는…….

김과 멸치 보냈는데 언제 도착할지 모르겠습니다. 몸 건강하시고 안녕히.

1973년 12월 25일

아버지가 아들에게 ③

新年(신년)에 아들에게.
健康(건강)과 榮光(영광) 있기를.
어머니와 함께 祈願(기원)한다.
집안은 저저히 無故(무고)하다.
서울도 잘 있고.
경숙이 서울 있다.

아버지. 1974년 1월 1일

손주 돌 날에

20
달걀 다섯 줄 사들고

아름다운 풍경 속에 다정한 남녀의 모습이 실린 네덜란드 그림엽서 잘 받았습니다. 연말이 되어 바빠진다니 당신에 대한 괜한 걱정이 앞서는군요. 날씨조차 바람과 비와 눈뿐이라니 더더욱 당신의 건강이 염려되옵니다.

반찬과 밥 짓는 솜씨가 갈수록 는다는 소식은 반갑습니다. 귀국하시면 일류 요리사가 되어 제 입을 즐겁게 해주리라 기대합니다.

경숙 아가씨가 12월 3일 시골집에 내려갔다 12월 23일 올라왔습니다. 그리곤 26일 언니 집에 간다고 하고선 한동안 소식이 없었습니다. 다 큰 처녀가 집을 나가 무소식이니 올케로서 걱정이 되지 않을 수 없었습니다. 숙이 아가씨 집에 전화가 없으니 물어볼 수도 없고. 학교 일이 끝나기 무섭게 달걀 다섯 줄을 사 들고 숙희 아가씨 집을 방문했습니다. 그런데 경숙 아가씨는 언니랑 잘 놀고 있었습니다.

그 모습에 안심은 했습니다만 속이 좀 상했습니다. 언니 집에 있다고 전화하면 어디 덧난 답니까. 그래서 한마디 했습니다. 전화 좀 하라구요.

숙이, 경숙 아가씨를 통해 시골집 이야기 들었습니다. 어머님 아버님께서 매일 제 말씀하시며 걱정이 태산 같으시답니다. 당신 떠나보내고 외롭게 사는 제가 늘 마음에 걸리시나 봅니다. 허나, 저는 부모님이나 당신이 염려하는 것처럼 그리 허약하지 않습니다. 오히려 당신이 없는 사이 나 자신을 더 강하게 단련시키는 중입니다.

저녁 때가 되도록 그 집 잘생긴 아들 구경 실컷 하고서 집에 왔습니다. 오늘 정재무 씨가 다녀가셨습니다. 지난달에도 10,000원을 놓고 가셨는데 이번 달에 또 10,000원을 놓고 가셨습니다.

나날이 늘어가는 선희의 재롱을 보다 보면 시간 가는 줄 모릅니다. 시골집에도 편지 자주 보내고 있습니다.

요즘 서울은 영하 17도가량 떨어져 몹시 춥습니다. 강추위에 수도가 얼어붙어 계량기 옆에 별도로 수도 파이프를 연결해 물을 받아 사용할 정도입니다.

요 며칠 아프다고 누워있었더니 체중이 3킬로가 늘어 44킬로가 되었습니다. 당신 떠나고 41킬로까지 떨어졌었는데 이제 제 마음이 좀 안정되었나 봅니다.

이 편지를 쓰는 중 선희가 쪼그리고 앉아 알아듣지 못할 말을 해대는군요. 저도 편지 쓰기에 열중하느라 성의껏 답해 주지 못하고 건성건성 답합니다.

볼수록 귀엽습니다. 요즘 선희에게 야쿠르트를 배달해 먹이고 있는데 정말 맛있게 잘 먹습니다. 다른 것도 마찬가집니다. 돼지처럼 못 먹는 것이 없습니다.

애숙이에게 연말 보너스로 500원을, 은진이에게 100원을 주었더니 좋아합니다. 오로지 당신의 건강과 평안 무사만을 기원합니다.

1973년 12월 28일

349 PARIS ILLUMINE
Notre-Dame   L Arc de Triomphe
L Opéra   Le Sacré Cœur
La Tour Eiffel

파리에서 남노래

오늘은 파리로 흐르고 있는 Oise江
을 따라 배가 다닐수 있게 만들어 놓은
시설을 견학했오. 맑은 하늘.
후어진 녹음이 불란서 농촌을 아름답게
만드오. 오늘 아침 당신이 보낸 "이"102
전동을 받았오. 여행중에 당신글
받으니 더욱 당신이 생각나고 보고
싶어지는 구려. 선희의 재롱. 경옥이에
수학 여행에 대해서 읽었오. 부쳤다.
친목하게. 건강하게 있길 바라오.
                              74. 7.22.

120-03.
박 지 혜 귀하.
서대문. 응암동 516-8
Seoul Korea.

PAR AVION

파리 여행 중 보낸 엽서

21
당신은 33세 나는 28세

일 년을 책에 비유하면 365페이지로 된 한 권의 책일 듯싶습니다. 그리 보면 우리는 매일 한 장씩 저마다의 이야기를 써 내려가고 12월 31일이 돼서야 비로소 마무리합니다. 나에게 1973년이란 제목을 단 책은 무슨 이야기가 들어있을까. 애석하게도 당신이 부재로 생긴 석 달 동안은 공허와 쓸쓸함과 헛헛한 마음으로 채워진 빈 지면에 불과할 테지요.

한 해의 마지막 날, 내년이란 이름의 1974년을 눈앞에 두고 1973년을 조용히 회상해 봅니다. 새해가 되면 당신은 서른셋, 나는 스물여덟의 나이를 먹습니다. 마음은 이제 겨우 스무 살밖에 안 된 것 같은데 세월의 빠름이 놀라울 뿐입니다.

그동안 안녕하셨지요. 학교 공부도 힘든데 시장 보아 밥하고 또 빨래하랴 얼마나 힘듭니까. 가사 노동으로 당신 몸이 축나지 않았는지 걱정이 앞섭니다. 이 편지 받을 때쯤 지난번 보낸 소포도 도착했지 싶습니다.

당신이 떠난 지 두 달 하고도 여섯 날이 지났습니다. 남들은 모두 연말연시라며 들떠 있지만 당신이 곁에 없는 나는 그 어느 때보다 쓸쓸하고 허전합니다. 만약 내 어깨가 날개라면 지금 당장 훨훨 당신 곁으로 날아가고 싶습니다.

어제 애숙이가 불광동 당신 친구 집에서 일할 때 임금 10,000원을 받아왔더군요. 그런데 곧 시골에 내려가겠다고 합니다. 시골 할머니가 사람을 두 번이나 보내, 어서 시골로 내려오라고 재촉했답니다. 이번에 내려가면 다시는 서울로 올라오지 않을 것 같아 걱정이 태산 같사옵니다. 속 썩일 땐 얄밉기도 했지만 막상 떠난다고 생각하니 서운합니다. 시골 부모님께 연락해 사람 좀 구해보라고 말씀드렸는데 어렵다는 답이 돌아왔습니다.

당신이 부재한 집안에서 모든 책임을 양어깨에 짊어지고 있지만 그리 무겁거나 힘들거나 버겁진 않습니다. 당신도 나와 함께 마음으로 그 짐을 나누어지고 있으니까요.

오늘 밤도 기약이란 좋은 단어를 떠올리며 내 마음을 위로하겠습니다. 앞으로 아홉 달 반 후 당신과 나의 재회가 이루어지니까요. 그 생각을 선희와 함께 품고서 좋은 꿈 꾸겠습니다. 당신도 좋은 꿈 꾸세요.

1973년 12월 31일

22
전화벨 소리만 들려도 엄마

잘 계신지요. 이곳 식구들은 당신의 끊임없는 염려 덕분에 무고합니다. 어제 학교에서 일직하느라 선희가 잠든 새 출근했는데 옆집 전화벨 소리만 울려도 '엄마'하고 부르며 일어나더랍니다. 퇴근해 그 말을 듣고 어찌나 가슴이 아리던지 한동안 선희를 품고 놔주지 못했습니다.

우리 예쁜 선희 사진 보내니 잘 보세요. 그사이 많이 컸지요? 카메라를 숙이 아가씨에게 빌려와 지난 28일 제가 직접 찍었답니다. 선희가 입은 옷은 내가 이번에 새로 뜬 것입니다. 처음 찍어 보는 사진이라 안 나오면 어쩌나 걱정했지만 스무 장 필름 중 열여섯 장의 사진을 건질 수 있었습니다. 그중 가장 귀엽게 나온 사진 두 장을 골라 편지에 동봉했습니다. 매일 들여다보세요. 내가 사진사가 되다 보니 내 사진은 없습니다. 양해 바랍니다.

오늘은 애숙이를 보내고 돌아왔습니다. 일주일 후에 다시 올라오겠다고 했으나 그 약속이 왠지 지켜지지 않을 것만 같아서 걱정입니다. 만약 애숙이가 약속대로 다시 와 준다면 구정에 예당에 내려갈까 합니다.

애숙이를 보내고 난 다음, 숙이 아가씨 집에 가 있는 경숙 아가씨를 집에 데려다 놓았습니다. 안방에서 함께 지내기로 했습니다.

양래 도령이 서울 올라오고 싶어 하는데도 아버님께서 형수 부담된다며 못 가게 하신답니다. 예당의 아버님 어머님께선 자나 깨나 제 걱정에 여념이 없으시다니 몸 둘 바를 모르겠습니다.

경숙 아가씨는 오늘부터 일어 학원에 다니기로 했답니다. 봄옷을 한 벌 맞춰 주었더니 좋아서 입이 함박만 해지더군요.

여수에 사는 영래 도령 부부가 새해 1월 1일 사과 한 궤짝을 들고 찾아왔습니다. 숙이 아가씨도 함께 왔습니다.

동서가 결혼식 때보다 살이 좀 찐 것 같더군요. 영래 도령이 아주 잘해줘서 외려 걱정이랍니다. 하긴 신혼인데 얼마나 좋겠습니까. 도령 부부는 동서의 언니네 집에서 자겠다고 하면서 떠났습니다. 여수엔 2일 내려간다고 했습니다.

애숙이가 없으니, 가사가 온통 제 몫입니다. 청소, 빨래 저녁까지 해결하고 나니 벌써 밤 10시 반, 이제야 차분히 앉아 당신께 편지 쓰고 있습니다. 그래도 요즘은 방학이라 마음이 한결 가볍습니다.

당신의 주변은 어떠한지요. 학기가 막바지에 이르러 시험이다 뭐다 정신이 없다면서요? 그러다 건강에 이상 생기면 어쩌나 걱정입니다. 무엇보다 감기 조심하십시오. 찬물에 빨래까지 하다 보면 손이 틀 수도 있으니, 그것도 조심하시고요.

참 어제 당신 친구, 전화국인가에 다닌다는 분이 와서 커다란 해태 과자 세트를 선희 선물로 놓고 갔다고 애숙이가 말하더군요. 저도 그분 기억납니다. 영등포에서 작업 중인 그분을 불러내 택시 불러 타고 유명한 빵집을 찾아가 빵을 사 먹었던 일 말입니다. 그런데 그분 딸이 소아마비에 걸렸다고 합니다. 제가 집에 없어서 간단히 소식을 전하고 가셨다는데 가슴이 아픕니다.

그리고 취득세 납부 고지서가 여태 당도하지 않았는데 자진 신고하면 1할을 감해 준다는군요. 당신 귀국 때까지 기다려도 되는지? 아님, 저라도 신고해서 납부해야 할지, 한 번 알아보렵니다.

당신도 크리스마스와 연말연시를 보내며 한국인 친구들과 재미있게 보냈으리라 생각합니다. 하지만 저는 집에서 한 발짝도 나가지 않고 내내 선희와 함께 TV를 보며 지냈습니다. 간혹 선희의 재롱과 코미디 프로그램을 보며 웃기도 했습니다. 하지만 그 웃음은 허허로움이 가득한 공허한 웃음이었답니다. 언제쯤 당신과 함께 기쁨 가득한 웃음 함께 나눌 수 있을까요. 그래서 당신의 따스한 숨결이 더 그리워지는 밤입니다.

1974년 1월 4일

여보
  건강 하십니까.
이곳 식구들 당신의 안영[안녕]은 염려없이 주고 있습니다
어쩌면 글쓰는 하루 오는 애두[애타]가 보내—
그래서 점심은 죽이 집이 있으나 집에 데려와 놓았습니다
안으로 같이 가자 하네요.
앞에 도련님 줄라고 묻어 라셨는데 아이엄마께서 무엇으로
고 못 울라고 하였으나 봅니다.
정숙은 오늘 부터 집이 휴원이 다가고 하죠.
봄 철 한낮 자주 주었는데 좋음 옷이 한국에
어쩌나 함부로 죽이 오겠어요 하였다 추이—
그래도 울라오면 그때 유리 앞에 시옹에 하면
네려[내려]놓고 죽이 하네요.
아빠 어머님께서 주어서 고맙다 사람만 하고 께
서먼 주어서 찾는 어머니 죽이, 응답[음식]을 보렸[보냈]습니다.
언래 도련님 부부가 1일 1일 사과 1과씩을 사가지고
있더라고 약 1시간 정도 닫다 있다 갔습니다.
우리에 얻마는 사가지고 갔더랍니다.
1일 1일 저녁 숙에 와서 무의 연안[문안]에서 자고 1시간정
돼있다 하더랍니다.
얻마 살음 좀 전것[것만] 같아요. 도련 마음이 너무 좋아
서 부엉[부모]에게도 좋아서 정말 참찰[참말] 하였소.
더 부모 나중에도 오늘 행복 하시면 좋겠네.

1일 첫 일상[일요일] 하여나 아빠 같은 자식에 나갔더니
하늘을 받으려만 나는 "엄마" 하고 나드나[나오나?]보
아이가 울더니다.
1 도련 들고 어쩌나 가슴했는지—
아빠? 아기 사진 보세요.
1월이 2월 죽여서 1살 1일 첫은 것이에요.
당신께 보여 함께[드려야]. 아빠가 우아빠에서 얼리 우
씨 있는 대로. 안리 무어 보앗요. (아이옷은 이번 내 뜨게봐)
칸반을 안 낳에 어려서 하고 라진것 있는데 이외로
20장 자리 준비 1/3이 나갔답[나왔답]니다. 그래서 또
내 사진이 제일 재웠어 영감하고 그것을 당신께
보여 드어요[드려요]. 눈이 아래 매면 들어가 보세요.
크레 핀안은 좋은 하양은 죽이 없어서 없어 아이
사람만 보여 드렸어요.
애타가 기자 마자 청도, 1/5에 남해갔으시[다녀오셨으니?] 10시 30분
아래는 당신께 모내고 샀다 않다 있는 답니다.
그래도 이번 때를 반드시 라자 많이 가슴으로 위로
같음.
당신이 우리 얼마 하지요. 한고[한국에] 나쁜아[안 좋은 일] 이르러
더러 같이 하시라 우린이 얼마나다며 춥다 온데
시장이 아니 좋아 걱정됩니다.
날씨 좋지 않은데 감기에 걱정이라도 들지 않으신
지—

영상(제수) 편지 ①

시숙님 전 상서

대망의 새해가 시작되었나 봅니다.

1974년도의 건강과 행운을 함께 가져다드리고 싶어 여기 고국에서 조용히 기도드립니다. 비록 뵙지는 못하지만, 인척 관계가 서로와 서로를 가깝게 만들어, 이렇게 스스럼없이 펜을 들었습니다. 결혼하고 처음으로 드리는 글이라 쑥스럽기도 합니다.

지난번 보내 주신 서신 영래 씨와 함께 반갑게 읽었습니다. 여기 여수, 집은 좁지만 밝은 희망의 대화가 오가고 있고, 보다 나은 내일을 위해 저희는 서로 노력하고 있습니다. 귀국하시면 제 손으로 따뜻한 진짓상 마련해 초대하겠습니다.

신년 휴가 때 응암동과 장위동 모두 찾아뵈었습니다. 선희도 만나 귀엽고 깜찍한 재롱을 보며 함께 웃었습니다. 예당 부모님께도 영래 씨와 함께 인사드리고 왔습니다.

모든 것이 낯설기만 한 외국 생활이 많이도 불편하시리라 여겨집니다. 밥도 직접 해 드신다니 이만저만한 수고가 아니시겠습니다. 여하간 외국에서 혼자 생활하시는 시숙님이니만큼 여기 걱정은 접어 두시고 오직 건강 챙기시고 학업에만 몰두하시길 당부드립니다.

옆에서 자꾸만 졸라대는 영래 씨 때문에 어려운 문제도 많습니다. 하지만 오직 기쁜 소식만 전해드리기로 약속하고 이만 줄입니다. 저희 결혼사진 보내드리기로 하고선 여태 미루고 말았습니다. 챙겨 보내겠습니다. 아무쪼록 건강하십시오.

다음에 또 소식 전하겠습니다.

영상 올림 1974년 1월 5일

영래 편지 ②

형님 전.

어느새 새해를 맞이했습니다. 그간 건강하게 학업에 충실하고 계시리라 믿습니다. 저 역시 지난해 결혼이란 대사를 무사히 치르고 새해를 맞이했습니다. 그사이 열 번이나 펜을 들었어야 하지만, 이제야 글을 드리게 되어 송구스럽습니다.

결혼 후 처음 맞이한 이번 신정 연휴(1일부터 3일까지)에 서울에 다녀왔습니다. 형수님도 만나 뵈었습니다. 모두 건강하게 잘 있더군요. 그리고 예당, 복내 누나 모두 잘 있습니다. 양래도 여기 순천에 있으니, 제가 자주 만날 수 있곤 해서 걱정 없이 학업에 열중하고 있습니다. 저 역시 요즘 결혼의 묘미를 터득하고 있달까요? 결혼생활을 하면서 생활에 안정을 찾다 보니 공무에 새로운 기운을 넣고 있습니다. 아마 대망의 1974년도에는 서울에 가게 될지, 아니면 광주로 가게 될지 모르지만, 아무튼 열심히 일해보겠습니다.

여수에서의 신접살림은 조그만 방 하나에 단 두 식구가 살고 있습니다. 그런데도 결혼의 의미를 느끼게 하는 생활인 것 같습니다.

신동아를 부치려고 했더니 항공편은 2천 원 남짓 들고 배편은 6백 원 정도 든다고 합니다. 배편으로 부치고 싶은데 너무 늦을 것 같아 망설이고 있습니다. 필요하다 싶으시면 다음 편지에 말씀하십시오. 어떻든 부쳐드리겠습니다. 우선 1월호는 선편(1개월 정도 걸린답니다)으로 부칩니다. 그럼, 올해도 건강히 이국 생활 보내기를 기원하며 이만 줄입니다.

영래 올림 1974년 1월 10일

23
나는 복이 많은 여자

당신이 계신 곳에 꿈에서라도 한번 가보고 싶습니다. 오늘따라 왠지 당신이 야속해 보입니다. 하지만 그래, 무엇합니까. 어서 당신 귀국할 날만 기다릴 뿐이지요.

그 사이 과외 공부고 뭐고, 다 포기했습니다. 큰 언니가 몸이 그리 약한데 무슨 과외 공부냐고 하길래 그만두기로 마음먹었습니다. 덕분에 요즘 선희와 둘이 먹고 싶은 것 마음대로 먹고 잘 자고 잘살고 있습니다. 시간이 좀 남아 집안 청소에 매달리기도 했습니다. 그런데 방을 너무 힘주어 닦았는지 종이 장판이 닳아져 그만 시멘트 바닥이 드러나고 말았습니다. 장판이 부실한 건지 내가 힘이 센 건지.

사신을 찍으려고 옷을 한 벌 맞추어 입었습니다. 이번엔 선희와 함께 찍어 보내겠습니다. 그런데 오늘 돌 때 입혔던 선희의 한복이 작아 잘 들어가지 않더군요. 귤과 고기, 빵과 달걀만 주면 울다가도 그치더니 금세 자랐나 봅니다.

선희는 애교덩이입니다. 가르쳐주지도 않았는데 혼자서 귤을 곧잘 까먹습니다. 이빨로 자국을 낸 다음 손톱으로 껍질을 잘 벗깁니다.

껍질은 언제나 쓰레기통에 버립니다. 바라볼수록 신통합니다. 그렇지만 노는 것은 남자아이 같습니다. 말을 하지 않으면서 요리조리 찾아가 말썽을 피우고 야단을 치면 생글생글 웃으며 막 달라붙습니다. 이러니 어디 야단을 칠 수 있겠습니까. 도리어 웃음이 나와 함께 웃곤 한답니다.

당신!

당신이 자랑스럽기에 저는 복이 많은 여자라고 생각합니다. 우선 세상에 많고 많은 남성 중에 내가 차지한 당신은 처녀 때부터 그리던 사람이었습니다. 거기에 시부모님 사랑을 듬뿍 받고 있으니 이보다 더 큰 행복이 어디 있겠습니까.

그 마음으로 곤히 잠든 선희를 바라봅니다. 아마 꿈속에서 당신을 만나러 비행기를 타고 네덜란드로 날아갔을 겁니다. 당신도 꿈속에서 선희를 만나 행복한 여행 즐기시기 바랍니다.

김과 멸치 12월 19일 부쳤는데 아직 도착하지 않았는지요. 고추장도 곧 준비해 보내겠습니다. 안녕, 건강 빕니다.

1974년 1월 5일

24
꿈에 본 당신

그동안 건강하십니까. 공부하시느라 힘드시죠.

꿈속을 좋아하시는 당신, 혹시 너무 꿈을 좋아하다 공부에 소홀하진 않으신지. 제 말씀 잘 기억하고 계시겠지요?

그곳만의 특수한 것, 우리나라에서 쉽게 볼 수 없는 것, 우리가 조금만 노력하면 만들 수 있는 것 등등 아주 작은 것이라도 많이 보고 느끼고 생각하며 견문을 넓혀 오세요. 하지만 공부에 방해가 된다면 그것은 한마디로 NO입니다. 마누라라고 데려다 놨더니 맨날 이것저것 명령만 한다고 타박하지 마십시오. (누구처럼 애 잘 낳는 대신 하는 말입니다.)

응석쟁이 아내가 올라타지도, 잡아당기지도, 달라붙지도 않으니 얼마나 좋으십니까. 하지만 나는 그때가 참 좋았습니다. 선희를 꼭 끌어안고 당신께 부리던 응석을 대신할 뿐입니다.

어젯밤 꿈속에서 당신이 집에 왔습니다. 5일간의 휴가를 집에서 보내기 위해 귀국했다나요? 깨고 보니 참으로 허망했습니다. 당신은 실제 그 시간에 파리에 있을 시간이더군요.

당신께 편지를 쓰면서 예당 집에도 가끔 편지 드립니다. 전에는 1년에 한 번 할까 말까 했었는데 요즘엔 2주에 한 번 정도 합니다. 아버님께서도 꼭, 답장을 해주십니다. 전에는 양래 도령을 시켜 하시던 것을 요즘은 직접 쓰시는 편입니다. 가끔 전화로 마음 터놓고 이야기할 때도 있습니다. 부러우시죠?

이상하게 작년 겨울 그렇게도 잘 걸리던 감기가 올겨울엔 한 번도 걸리지 않고 잘 넘어가고 있습니다. 당신도 알다시피 한 번 감기에 걸리면 얼마나 고생 많이 했습니까. 코를 훌쩍거린다거나 목이 쉬어 남자처럼 걸걸거리던 적이 한두 번이 아니었죠. 당신이 평소 목을 감고 자라고 자주 야단을 쳐서 그리 습관을 들인 탓이라 생각합니다. 이러다 방정맞게 감기에 걸리는 것이 아닌가, 걱정이 되기도 합니다만, 그놈의 감기 오기만 오면 발길질로 확 차 버리렵니다.

1974년 1월 8일

25
요즘 물가가 많이 오릅니다

건강하시죠? 사진을 인화해 보니 약간 마른 듯한 내 모습을 보고 걱정하실 당신 생각에 염려가 되옵니다. 1월 1일 촬영해 필름을 바로 사진관에 갖다주었습니다. 무슨 일이 그리 바빴는지 이제야 인화해 주더군요. 한 장에 무려 500원씩 받아 가면서도 말입니다.

사진은 예당 집에도 보내려고 합니다. 시골로 내려간 애숙이가 혹시 돌아오지 않으면 어쩌나 걱정했는데 내일 도착한다고 연락이 왔습니다. 한시름 덜었습니다.

서울은 요즘 어찌나 물가가 오르는지, 못 견딜 지경입니다. 200원 하던 물건이 내일이면 300원, 모레는 380원 하는 식입니다. 당신께 보내야 할 고추장은 아직 마련하지 못했습니다. 지금 집에 돈이 한 푼도 없습니다. 조금 기다려야 할 것 같습니다.

은진네는 재판 때문에 법원을 오가고, 광주의 이 판사님까지 부르는 등 야단입니다. 큰언니도 돈이 부족한지 자꾸만 저에게까지 꾸어 달라고 부탁합니다. 허나, 어찌 되었든 속히 장만해 부치겠습니다.

배로 부치면 오래 걸려 도중에 상하지나 않을지 살짝 걱정되기도 합니다. 당신 답장에 의하면 2월 중 집을 옮긴다는데 그 이유가 궁금합니다. 옆 사람이 안 맞아서? 혹은 살기가 불편해서?

이경제 씨께서 1월 8일 집에 와 함께 머물고 있습니다. 짧으면 한 달, 길면 두 달 정도 우리 집에 있으면서 교육받고 면허증을 딸 계획이라나요? 단돈 일 원이라도 아끼려는 저로선 반가운 일이 아니지만 어찌하겠습니까. 있을 때까지 잘해 주어야지요. 그런데 이경제 씨가 예전과 달리 왠지 풀이 죽었습니다. 종일 집에만 머물며 공부만 하다 오후 다섯 시경, 집을 나갑니다. 용돈이 없어서 그럴까요? 두 사람이 결혼해 생활하면 비용이 얼마나 드냐고 물어보기도 하는 것이 점찍어 놓은 처자가 있는 것도 같습니다.

앞서 보낸 소포와 선희 사진이 담긴 편지 받아 보셨는지요. 이 편지 답할 때 말씀해 주십시오. 선희 사진은 제 솜씨를 백 퍼센트 발휘한 것이 아니랍니다. 만약 제대로 발휘했으면 놀라 기절할까 봐 그 정도 수준으로 자제했습니다.

끊임없는 당신 염려의 마음이 전달돼 선희도, 당신의 아내도 건강하고 무사합니다. 선희는 그림책을 펼치다 남자가 나오면 "아빠" 하고 읽고 소리 높여 외칩니다. 그제 1월 9일이 만 1년 4개월째, 그사이 참 많이 컸죠. 안녕.

1974년 1월 11일

26
어머님의 눈물 바람

여보! 건강하십니까. 서울의 아내와 딸 모두 건강히 잘 있습니다.

며칠 전 새해 첫날 찍은 선희 사진과 당신이 보내온 사진을 예당 아버님께 편지로 부쳤더니 오늘 답장이 왔습니다. 어머님께서 당신 사진을 보시고 눈물 바람까지 하셨답니다. 그 소식에 저까지 가슴이 먹먹해졌습니다. 사진 보내길 잘했지요? 당신의 칭찬 듣고 싶습니다. 이번 답장 말고도 며칠이 멀다 하고 보내주시는 아버님의 글, 정말 감사하기 이를 데 없습니다. 아버님의 글은 항상 외롭게 지내는 며느리에게 보내는 위로와 격려의 말씀으로 가득 차 있습니다. 전에는 양래 도령을 시켜 보내셨는데, 언제부턴가 직접 쓰십니다. 오늘 아버님 편지와 함께 복내 누님 편지도 받았습니다.

편지를 쓰고 있는데 지금 선희가 편지지 위에 머리를 들이밉니다.

오늘 애숙이가 목욕탕에 가는 사이 제가 밥을 지었는데 당신 생각에 그만 밥을 새까맣게 태우고 말았답니다. 어서 시간이 흘러 당신이 돌아와야지 상사병이 날까 두려울 지경입니다.

어머니와 숙이, 경숙

애숙이가 집에 다시 돌아와 마음이 홀가분합니다. 또 이경제 씨도 있으니 집 걱정 안 하고 예당 집에 다녀올까 합니다. 그런데 학교 일이 어찌 되려는지, 방학 중이지만 간간이 학교에 나가기 때문에 일정 잡기가 쉽지 않습니다. 이번에 예당 내려가면 목포도 다녀올 계획입니다.

며칠 따뜻한 날씨가 이어지더니 또다시 추워지는군요. 이럴 땐 연탄을 좀 더 땝니다. 그래야 우리 사랑하는 선희가 감기에 걸리지 않을 테니까요.

난로에 석 장, 방에 석 장, 이렇게 하루 여섯 장의 연탄이 필요합니다. 이 정도면 아무리 추워도 실내공기는 따뜻합니다.

선희가 감기에 걸리지 않고 살결이 뽀얗고 예쁜 것이 다 따뜻한 난방 덕분이지요. 아마 당신이 귀국해 선희를 보게 되면 깜짝 놀랄 겁니다. 그사이 더 예쁘게 애교덩어리로 변모해 있을 테니까요.

애숙이가 시골 갔다 머리를 자르고 왔더군요. 이젠 제법 숙녀티가 납니다. 집에서는 일을 그만두고 내려오라고 하는 모양입니다. 하지만 자신이 목적하는 저축 금액을 채우기 전까지 여기 있겠다고 말합니다. 저로선 다행이지요.

안녕.

1974년 1월 14일

경숙 편지 ①

오빠! 안녕하세요.
한랭한 고기압의 영향으로 영하 15도의 추운 날씨가 며칠간 계속되고 있습니다.
1974년 갑인년의 새 아침이 밝아 온 지도 벌써 24일이 지났습니다. 방학이라 괜스레 방안
에서 뒹굴기만 하고, 이래서는 안 되겠다 생각하면서도 뭐 별 뾰쪽한수가 없습니다.
새 학기부터는 초중고대학의 수업료가 약 30%가량 오른다고 합니다. 모든 생활필수품 값이 터무니없이 많이 오르고 있습니다. 며칠 전, 박정희 대통령이 내건 1. 14 긴급조치에 의해서 공무원의 월급봉투가 두툼해졌답니다. 현 정부는 서민 생활의 보호와 안정에 많은 노력을 기울이겠다고 발표했습니다.
네덜란드는 친 이스라엘 국가이기 때문에 다른 나라에 비해 더욱 심한 유류난을 겪고 있다고 신문과 방송에서 들었습니다. 이곳 한국에서의 유류난은 다소 해결된 듯합니다. 국민 한 사람 한 사람 모두가 한 방울의 석유도 아끼고 절약하고 또 한 집에 한 등 끄기 절전 운동을 생활화하는 등 온 국민이 힘쓰고 있답니다. 지난번 시골에 갔더니 복래 언니가 오빠의 편지 몹시 기다리고 있더군요. 이제까지 오빠 편지 한 장도 못 받았다며 서운해한답니다. (전남 보성군 복래면 복내리 서울약국)
오빠가 제일 좋아하던 가수 페티 김이 길옥윤 씨와 이혼했잖아요? 그런데 금년 3월 또다시 면사포를 쓴다네요. 작년 6월 유럽 여행 중에 만난 미국인인데, 자기보다 두 살 적은 남자래요. 3월 미국에서 식 올리겠대요.

　　　　　　　　　경숙 1974년 1월

27
경숙 아가씨와 대화

건강하신지요. 당신의 끊임없는 염려 감사합니다.

예당 집에서도 어찌나 사랑과 격려의 편지가 당도하는지 당신이 없어 외롭지만, 부모님의 자상한 보살핌으로 인해 마음 든든합니다. 혹시라도 생활비가 부족하면 언제든 연락하라고 하십니다. 이 얼마나 감사한 일입니까. 경숙 아가씨가 아버님의 편지를 읽고 나는 꿈에서라도 그 말을 들었으면 원이 없겠다고 말하더군요.

오늘이 1월 16일, 하루건너 한 통씩 쓰는 편지가 이젠 마치도 매일 일기 쓰듯 습관이 되었습니다. 어제와 오늘 하루 우리 집에서 일어난 일을 소개합니다.

이경제 씨는 요즘 밤새도록 공부에 여념이 없습니다. 어제는 시골에 요청한 돈이 아직 안 왔다고 투덜대면서 얼마간 돈을 꾸어갔습니다.

어제 경숙 아가씨와 늦도록 대화를 나누었습니다. 자기의 진로에 대해 고민을 털어놓고 조언을 구하더군요. 속 시원한 답을 주진 못했지만 서로 말을 나누면서 당신을 처음 만나 식구들과 갈등하며 생겼던 묵은 감정들이 스르르 녹는 듯했습니다.

경숙 아가씨는 오늘, 숙이 아가씨 집에 놀러 갔습니다. 아마도 새로 맞춰 준 옷 자랑하려는 것 아닌가 싶습니다. 경숙 아가씨는 며칠 전부터 코트를 벗고 학관에 나가기도 하는데 혹시나 제가 옷 대신 병(감기)을 주지나 않았는지 걱정될 정도랍니다. 언니 집에서 지내다 20일 이전에 오라고 했습니다. 아가씨가 오면 예당에 내려갈 예정입니다.

애숙이는 요즘 살이 더 불어나 57킬로그램이나 나갑니다. 살이 너무 쪘습니다.

여보!

편지로 듣는 서울 소식에 염려하거나, 노하거나, 걱정하지 마십시오. 내가 가장 겸, 주부 겸, 일 처리 잘하고 있습니다.

지금까지 내가 보낸 겨울 중 이번 겨울이 가장 기억에 남을 것 같습니다. 유류 파동 덕분에 집에서 많은 시간을 보냈으니까요. 그런데 오늘부터 22일까지 학교에 나가야 해 그동안 껌딱지처럼 붙어 지내던 선희와 떨어질 생각을 하니 걱정이 되는군요. 선희는 계속 아빠를 부르고 아무 책이든 붙들고 펜으로 북북 긋고 심지어 벽이든 방바닥이든 가리지 않고 그어 대는 통에 정신이 없습니다. 일일이 뒤쫓아 다니자니 힘이 듭니다. 너무 간섭해 아이의 창의력에 해가 될까 봐 조금 느슨하게 대해주면 어리광이 늘고……. 게다가 추운데, 밖에 나가자고 떼를 쓰면 방법이 없답니다. 까칠한 것은 당신 닮고 순한 것만 나를 닮았나 봅니다. 하하.

1974년 1월 16일

28
설날 목포·예당 다녀올 예정입니다

다시 날씨가 추워졌습니다.
그곳은 어떠합니까. 공부하는데 방해될 만치 춥진 않습니까.

22일까지 학교 출근인데 21일 예당과 목포 나들이 계획하고 있습니다. 23일이 음력설이라 기차가 많이 붐빌 테지만 그래도 마음먹었으니 다녀오겠습니다.

여보!

다시 당부드립니다. 편지 좀 자주 하십시오. 당신 주변 이야기도 좀 풍성하게 써 주십시오. 정재무 씨로부터 돈을 전달받은 즉시 조 계장님께 전화해 감사의 말씀 전했습니다.

하루가 다르게 열심히 커가는 선희, 오늘 아침 펼쳐 든 주부 생활 잡지에 남자 그림이 나오자 '아빠'를 부르면서 고사리 같은 손가락으로 짚는 걸 보곤 가슴이 찡했습니다. 대소변도 곧 가릴 듯합니다. 대변이 마려우면 엄마 앞으로 달려와 온몸을 마구 흔듭니다. 그리곤 얼굴이 빨개지지요. 눈치를 채고 곧장 요강에 앉혀 놓으면 혼자 대변을 봅니다.

바닥에 오줌을 누어 놓으면 손가락을 아랫도리로 향하고선 뭐라고 야단을 칩니다. 왜 오줌을 쌌냐고 따지면 고개를 떨구고 가만히 있습니다. 그런데 애숙이가 뭐라고 하면 외려 인상을 써가며 대든답니다. 당신 떠나실 때 걸음마도 못 떼던 어린 것이 석 달 동안 이렇게 많이 자랐나 놀랄 정도랍니다. 이 모두가 당신이 비록 떨어져 있어도 마음으로 함께 하기 때문이라고 생각합니다. 나날이 달라지는 선희, 요즘 이 맛에 내가 삽니다.

여보! 보고 싶어도 보고 싶다고 그러면 아니 되겠지요.
그럼, 무어라고 할까요. 살짝 답답합니다.

안녕, 뽀뽀.

1974년 1월 19일

29
오늘 목포로 예당으로!

오늘 목포로 떠납니다.
어제 경숙 아가씨가 역에 가서 어렵사리 표를 구해왔습니다. 밀려든 예매 인파와 추운 날씨에 혼이 났다고 합니다.

그곳은 구정의 '구'자도 보이지 않겠지만 나와 같은 마음으로 설 잘 쇠십시오. 열차가 데려다주겠으나 선희 데리고, 게다가 은진 엄마와 동호 엄마가 맡긴 영우 결혼 선물까지 들고 가려면 고생을 좀 해야 할 것 같습니다.

모처럼 어젯밤 눈이 내려 밖에 소복이 쌓였습니다. 대한 추위에 선물처럼 내린 이번 눈은 아마도 이번 겨울의 마지막 눈이지 싶습니다. 지금도 밖에는 당신과 어깨를 나란히 하고 거닐면서 맞고 싶은 눈송이가 탐스럽게 내립니다. 어제 대한이었지만 최저 영하 5도에 머물렀고 최고는 영상의 기온이었답니다. 서울도 강추위가 물러간 만큼 당신 계신 곳도 추위가 많이 누그러졌을 것이라 짐작합니다.

이번 음력설 일정은 오늘 목포로 출발, 23일 목포에서 예당으로, 26일 예당에서 서울로 올라올 예정입니다.

일단 계획은 이렇게 잡았지만, 중간에 어찌 되려는지 알 수 없습니다. 아무래도 음력설 귀성객으로 어디나 혼잡할 때라 번잡함에 따르는 수고는 각오하고 있습니다.

함께 공부하는 학생들 신상 파악 좀 하셨습니까. 함께 있는 미스 선생님들이 외국 학생들과 사귀고 싶다고 마구 졸라댑니다. 세상은 묘하게도 남자와 여자로 갈려 서로를 갈망합니다. 저 또한 남편인 당신을 그리워하니 처녀 선생님들 또한 총각을 그리워하는 건 당연한 일 아니겠습니까.

당신이 떠난 지 어느덧 삼 개월, 다시 학교가 시작하면 시간의 흐름이 더 빨라지겠지요. 며칠 전 교장과 마주쳤을 때 "연말연시에 인사 못 올려 죄송합니다" 했더니 "뭘"하고 말하면서도 섭섭한 눈치더군요. 다가올 학기에 좋은 학년을 맡아야 하겠는데 은근히 걱정입니다.

안녕, 시골 가서 다시 연락드리렵니다. 건강하십시오.

1974년 1월 21일

30
음력 새해 첫인사

여보! 여기는 목포, 음력 새해, 첫인사 드립니다.

이곳에 오니 당신과의 거리가 서울보다 더 멀어진 것 같습니다. 여러 사람을 만나지만 선희가 낯을 가리지 않고 집에서처럼 장난질하며 잘 놀고 있습니다. 올케와 오빠께서 이렇게 점잖은 아이는 처음 보았다고 대견해 하십니다. 그런데 여태 감기 한 번 안 걸리던 아이가 감기에 걸리고 말았습니다. 병원까지 와서 웬 감기랍니까.

영우를 오랜만에 만났지만, 실없이 까불고 나대고 하는 것이 아직 철이 덜 든 것처럼 보입니다. 아직도 어린아이 같습니다. 그런데도 낼 모래면 아빠가 된다니 믿기지 않습니다. 영우의 색시는 벌써 임신 7개월이랍니다. 찬찬히 살펴보니 영우 색시는 못된 아이 같진 않았습니다.

역시 오빠와 올케는 차이가 있더군요. 다시는 이 집에 발을 들여놓지 않아야지 하는 마음이 절로 들었습니다. 오빠는 동생인 저에게 정말 진실로 대하지만 올케는 너무나 위선적입니다. 나는 시누이 시동생들께 절대 그러지 말자, 마음 단단히 먹었습니다.

엊저녁 늦게 예당 집에 시외전화를 걸었습니다. 아버님과 영래 도련님이 번갈아 전화를 받으며 기뻐하시더군요. 얼마나 좋아하시던지 제가 무슨 말을 하고 있는지도 모를 정도였습니다. 말끝마다 사랑과 정감이 넘치는 아버님의 말씀은 저를 더 감격스럽게 했습니다. 영우 결혼식만 아니라면 당장이라도 달려가 아버님 품에 안기고 싶은 마음이었습니다.

여보!

당신 귀에 대고 사랑한다고 속삭이고 싶습니다. 새삼스럽다고 당신 웃겠지만, 부모님의 저를 향한 사랑의 크기가 당신의 그것과 동일하다는 것을 알게 된 이상 당신이 더 사랑스럽습니다.

고추장은 설 쇠고 서울 올라가 준비해 보내겠습니다.

얼마 전 20만 원짜리 계를 부었습니다. 액수를 좀 높일까 하다 당신이 평소 하던 '갖고 죽는 것도 아닌데'란 말이 생각나 그 금액으로 정했습니다. 번호가 12번이라 당신 귀국하는 다음 달에 탑니다.

지금 목포는 바람이 폭풍처럼 세차게 붑니다. 바닷가라서 그런가 봅니다. 만수무강 편안하십시오.

1974년 1월 23일

31
선희가 할아버지와 장난까지 치네요

여보! 건강하신지요.

선희 데리고 목포, 예당 무사히 잘 다녀왔습니다. 날씨가 얼마나 추운지 약간의 고생이 있었지만, 부모님과 형제들 사랑과 정, 듬뿍 받고 돌아온 의미 있는 여행이었습니다.

23일 예당역에는 아버님과 어머님, 그리고 막내 도령께서 미리 나와 있었습니다. 제가 선희를 안고 내리자 모두 한걸음에 달려와 얼싸안고 반겨 주셨습니다.

집에 도착하자 아버님께선 선희를 껴안고 귀여워서 어쩔 줄 몰라 하셨습니다. 선희도 할아버지 낯을 가리지 않고 어찌나 잘 따르는지 시간이 좀 지나자, 둘이 장난까지 쳤답니다. 선희는 보는 사람마다 칭찬이 자자했습니다. 순하고 영리하다고요.

어머님껜 한복 한 벌을 준비해 갔는데 얼마나 좋아하시던지 놀러 오는 사람마다 '우리 며느리가 해 온 옷'이라며 자랑하셨답니다. 아버님 선물로 담배를 드렸고, 양래 도령에겐 만년필과 용돈으로 천 원을 주었습니다. 만년필을 받아 든 양래 도령이 너무나 좋아해 준비해 가길 잘했다는 생각이 들었습니다.

큰아버님께는 24일 인사 올렸습니다. 여수의 영래 도령 부부는 24일 늦은 시각에 오겠다고 했지만 결국 오지 않았습니다. 다음 날 25일 양래 도령과 함께 복래 누님댁에 갔습니다. 누님께선 갈비까지 장만해 놓고 저를 기다리고 있었습니다. 그런데 복자가 바람이 나서 나가버렸다고 합니다. 누님 집을 나서는데, 차비 하라고 2천 원을 주시더군요. 양래 도령과 정희, 형준이를 데리고 다시 예당으로 왔습니다.

여수 영래 씨 집을 방문하려고 했으나 아버님께서 그리하면 너무 고생한다고 만류하시는 바람에 그만두었습니다. 서울엔 26일 도착했습니다.

집에 와보니 경숙, 애숙, 경제 씨가 집을 잘 보고 있었습니다만 또다시 날씨가 추워져 수도가 얼어 야단들이더군요. 역시 가정의 주인인 주부가 없으니 엉망이었습니다. 또 취득세 고지서가 뒤늦게 날아들어 25일까지 납부하지 않으면 재산압류까지 한다는 문구에 놀라 경숙 아가씨가 세무서에 사정해 31일까지 연기해 놓은 상태였습니다. 내야 할 취득세는 연체료까지 합해 4만 원입니다.

당신의 25, 26번째 편지도 와 있었습니다. 제 편지는 도중에 번호 매기는 것을 그만둬 몇 번인지 모르겠습니다만 약 40번으로 짐작합니다. 편의상 이번 것을 40번으로 정하고 다음부터는 순서대로 번호를 적겠습니다.

　당신이 부탁한 울산 오빠 집 주소 적습니다.
　우편번호 690 경남 울산시 성남동 190-104

그리고 박경준 씨는 우리 학교 교장 선생님입니다. 박경준 교장 선생님이 당신의 주소 가르쳐달라 해서 가르쳐 드렸으니 아마도 편지가 갔을 겁니다. 그런데 당신 편지에 왜 그런 말이 없는지요. 편지 받았으면 받았다고 답해 주세요.

또 누님께 창살값(집 수리비)도 받았다면서요? 당장 취득세 납부와 다음 달 전화 설치비까지 내려면 비용이 만만치 않을 것 같습니다.

필름 3개 잘 받아 인화했습니다. 방안에서 찍은 사진 중 벽에 붙어 있는 것과 선희 돌 때 찍은 것은 알겠는데 그중 하나는 어디서 찍은 것입니까. 답장에다 자세히 밝혀 주시길. 안녕.

1974년 1월 27일

아버지가 아들에게 ④

몸 건강히 잘 있으리라 믿는다.

여기 祖國 故鄕(조국 고향)은 음력설이라고, 날씨는 추운 가운데 조용한 風景(풍경)이로구나. 너의 처도 목포를 거쳐 집에 왔다가 방금 서울로 떠났다. 交通(교통)의 混雜(혼잡)을 豫想(예상)해서 양래를 光州(광주)까지 딸려 보냈다. 쌀과 양념은 鐵道便(철도편)에 보내 주었다.

집안 걱정은 조금도 하지 말고 오로지 工夫(공부)에 全念(전념)하거라.

　　　　아버지, 어머니. 1974년 1월 26일

선희와 일선을 안고 계시는 어머니,
뒤에는 영래

영래 편지 ③

형님 전.
여기 구정 설날이 며칠 전이었습니다. 새삼스레 집안의 식구들이 모두 모였습니다. 형수씨도, 선희도 서울에서 내려왔더군요. 저랑 영상 씨도 설 전날 집에 도착하였습니다.
형님이 계시지 않아 섭섭하고 허전했습니다. 하지만 부지런히 견문을 넓히고 있을 형을 생각하면서, 그리고 금년 첫눈이 올 무렵, 다시 고국 땅을 밟으시리라 자위하면서 새해를 맞았습니다. 집안의 부모님, 누나, 자형 모두 잘 있습니다.
여수의 저희도 모두 건강하게 지내고 있습니다.

영래 올림 1974년 2월 20일

영상(제수) 편지 ②

시숙님께.
예년에 없었던 차가움이 항상 따뜻하다는 여기 남쪽 여수에도 가시질 않더니 오늘은 어디서부터 시작된지 모를 온기가 비를 몰고 왔습니다. 지금 창밖엔 봄을 부르는 비가 조용히 내립니다. 날짜를 꼽아보니 저희가 결혼식을 올린 지 두 달 지났습니다. 시숙님 생신, 늦게나마 축하드립니다.
일 년의 설계는 연초에, 그달의 계획은 월초에 한다지만 유류 파동으로 모든 것이 달라진 경제 환경 때문에 이 병아리 신부가 가계를 꾸리는 신년 계획을 세워봤지만, 엄두가 나질 않습니다.

시숙님께서 떠나신 뒤로 고국의 생활환경은 많이 달라졌습니다. 물가 상승, 공무원 숙정 등. 특히 3급 이상 세무공무원은 1백 명 넘게 면직당했습니다. 영래 씨도 혹시 그 대상자가 되려나 하여 긴장의 끈을 놓을 수 없었습니다. 다행히 별 탈 없이 넘어가 이제야 마음을 놓게 되었습니다. 건설부도 큰 규모의 인사이동이 있었더군요.

어제 예당 부모님께 전화 드렸습니다. 두 분 모두 안녕하시더군요. 시숙님께서 지난번 편지에 알아보라고 하신 물건을 찾으려고 영래 씨와 함께 여수 시내를 돌아다녔으나 구하지 못했습니다. 아무래도 여수는 수요가 없어 취급하지 않나 봅니다. 서울에 연락해 구하심이 좋을 듯합니다.

신촌 외숙(나 사장) 주소는 적지 않았습니다. 3월 3일 이사 가신다고 하니 나중에 새집 주소 알려드리겠습니다. 크고 좋은 집으로 이사하시니 축하해 드리십시오. 지난번에 예당 갔을 때 어머님께서 외숙 드리려고 고추장을 담그시던데 아마 지금쯤 받아보셨을 겁니다.

이번 주말에, 예당에 갈 계획인데 확실히는 모르겠습니다. 마음은 있지만 무엇 하나 확실히 하는 일 없이 자꾸만 바쁘니…….
복래 형님네도 전화 개통돼서 편리하고 좋습니다. 이곳저곳 전화를 주고받으니 자주 뵙지 않아도 가까이서 도와주시는 것 같아 든든함이 느껴집니다. 영래 씨도 어떻게든 부기 2급 정도는 합격해야 할 텐데 걱정입니다. 상과대 출신도 아니고 처음부터 시작하려니 무척 힘드나 봅니다. 제 내조도 필요하겠지요. 어깨가 무거워집니다. 다음에 또 소식 전하겠습니다.

영상 올림 1974년 2월 20일

32
세금 납부 끝냈습니다

건강하신지요. 목포로 예당으로 다니면서 설음식을 잘 먹었는지 살이 통통하게 찐 느낌입니다. 볼품은 사나울지라도 아무래도 몸에 살이 좀 붙어야 건강하지 않겠습니까. 그렇게 마음먹으며 대수롭지 않게 여기기로 했습니다.

어제(28일) 취득세 세무서에 납부했습니다. 기한을 넘겨 추가 금액까지 40,000원이었으나 34,000원만 납부하고 끝냈습니다. 원금만 낸 이유는 마침 세무서 직원 중에 밀양 손가 한 분이 있어 그분이 우리 사정을 봐주어 그리됐습니다. 끝나고 나오는데 보답 좀 하라길래 1,000원 드리고 나왔습니다.

어제 또 정재무 씨께서 당신 1월 봉급과 적금 2만 원, 조 계장님이 보낸 5천 원을 함께 가지고 왔습니다. 취득세 때문에 부담이 컸던 1월인데 의외로 생긴 당신 적금 덕분에 잘 넘길 수 있었습니다.

이상하게도 당신이 떠난 후 꼬일만한 일들이 술술 잘 풀립니다. 그러니 집안 걱정일랑 하지 마시고 오로지 학업에만 열중하십시오.

그리고 지난 설날 시골 가서 경제 씨를 장가보내려고 한다는 이야기를 들었습니다. 나는 몰랐지만, 벌교에 사는 여자와 전부터 연애했었다고 합니다.

우리 교장(박경준)에게 연말연시 선물 못해 찜찜했었는데 새 학기를 앞두고 선물을 하기로 마음먹었습니다. 처녀 때부터 아끼던 18금 반지를 넥타이핀으로 바꾸어 전달할 생각입니다. 교감은 담배 사다 드리려고 합니다.

당신에게 보낼 고추장은 어머니께서 마련해 주셨습니다. 어제 예당에서 보낸 쌀, 고추장 등등을 찾았는데 여기서 먹을 것 조금 남기고 배편으로 보내겠습니다. 배로 가는 것이라 시간이 좀 걸릴 것 같으니 차분하게 기다리기 바랍니다.

지금 편지를 쓰고 있는데 선희가 옆에서 '엄마'를 애타게 부르는군요. 남자를 어찌나 좋아하는지 예당에 가서도 양래 도령과 아버님과만 놀고 집에 정재무 씨가 오자 그분 무릎에만 앉아 있었답니다. 고집도 세지만 애교도 많고 부지런합니다. 날마다 공부한다고 연필을 쥐고 종이에 극적이고, 먹기도 잘하고 장난도 최곱니다. 나중에 공부를 잘했으면 좋겠습니다.

작은 올케네, 우리 교장 주소 받아보셨지요? 무고하시길. 안녕.

1974년 1월 29일

33
봄꽃이 고개를 내밉니다

1974년을 시작하고서 한 달의 시간이 흘러 어느새 오늘이 그 마지막 날입니다. 내일부턴 개학, 또다시 선희가 걱정입니다.

교감(이건석)에겐 달걀을 교장(박경준)에겐 넥타이핀을 준비해 놓았지만, 막상 갖다 드릴 것을 생각하니 마음이 무겁습니다. 꼭 이래야만 할까. 좀 깨끗하고 투명하게, 이런 것 신경 쓰지 않고 편안하게 살 수 없나? 오늘은 그런 생각이 왠지 더 드는군요.

오늘 날씨가 영하 6도인데도 며칠간 하도 추워서 그런지 따뜻한 느낌이 드는 하루였습니다. 그동안 영하 15도에서 17도 사이를 오르내린 강추위 때문에 세무서 다녀온 것 빼고 줄곧 집안에만 있었습니다. 강추위 때문에 부엌이나 목욕탕이 얼어붙어 몇 군데 타일이 떨어졌습니다. 당신 눈에는 그까짓 거 하겠지만 내 눈에는 좀 거슬립니다.

여보!

며칠 있으면 당신이 태어난 생일입니다. 그러나 너무도 멀리 계시기에 그날을 어떻게 기념해야 할까요. 어머니께서는 당신 없어도 생일상을 차리신다고 합니다.

내일이면 2월,
벌써 마음만으로도 봄이 성큼 다가오는 기분입니다.

당신이 애지중지 가꾸던 화분들이 올겨울 강추위에도 하나도 죽지 않고 모두 싹을 틔울 태세입니다. 철쭉은 진분홍의 아름다움을 자랑이라도 하려는 듯 여기저기 삐죽삐죽 고개를 내밀고 있고 작년에 죽을 것만 같았던 잎 많고 키 작은 나무도 아기 손처럼 보드라운 새싹을 내밀려고 합니다. 아름다운 네덜란드엔 이보다 훨씬 예쁜 꽃들이 피겠지요.

고추장 보냈습니다. 그 속에 편지와 함께 선희와 제 사진 녁 장 넣었습니다. 배로 간다고 하니 언제 도착할지 모르겠습니다. 고추장을 넣은 큰 깡통을 납땜하지 않아 가는 도중에 흘러넘쳐 엉망이 될까 염려됩니다. 우체국에선 내용물을 일일이 확인하고 난 다음 받아주더군요.

유류 파동으로 온 세상이 시끄럽고 복잡합니다. 이곳은 항상 당신의 품 안에 있기에 늘 행복합니다. 무고하시길. 안녕.

1974년 1월 31일

34
큰언니와 은진네 소식

건강하시지요? 서울의 당신 아내와 딸 잘 있습니다. 당신의 스물일곱 번째 편지 잘 받았습니다. 학교로 온 예쁜 꽃 엽서도 잘 받았구요. 무슨 꽃인지 이름은 모르지만 참 특이하게 예쁘더군요.

큰언니네와 은진네 소식 전합니다. 취득세 내려고 큰언니에게 돈 좀 빌리러 갔더니 부부싸움 후 언니가 집을 나가버렸더군요. 집에 돌아온 다음 큰언니에게 전화 걸어 자초지종을 캐물었습니다. 언니가 형부와 싸우고 홧김에 집을 팔아버렸다나요? 형부가 이를 물리려고 계약금의 배를 주고 해약하려 했지만, 그쪽에서 거부하고 있다는 거였습니다.

언니가 집에 돌아왔다는 소식 듣고 다시 언니 집을 찾아갔습니다. 은진네와 대전에 사는 큰언니 친구가 와 있더군요. 은진네가 돈이 필요해 대전 사는 큰언니 친구에게 부탁했는데 그 돈을 전달하러 셋이 함께 만나는 중이었습니다.

그런데 별안간 집을 계약한 사람이 눈을 부라리며 들이닥치더군요. 한눈에 보아도 험하게 생긴, 앉은 자리에 싹도 나지 않을 차가운 인상의 여자였습니다.

결국 어르고 달래고 사정해 겨우 해약할 수 있었습니다. 다행히 계약금을 10만 원만 걸어 20만 원 주기로 합의했습니다. 그런데 그게 끝이 아니었습니다. 복덕방 비로 4만 원이 들었다며 그것까지 물어주라고 난리 소동을 피우더군요. 어찌나 험악하게 나대는지 무서울 지경이었답니다. 어쩌면 그리도 무섭고 사나운 여자들만 그 집에 걸려들어 속을 썩이는지.

소송이 진행 중인 은진네 사건은 소장이 도착했으니까 이달 말경엔 해결이 날 듯합니다. 재판이 끝나는 대로 집을 팔고 이사 갈 계획이랍니다. 언니 집을 나오면서 이번 일 해결하면 일 더 벌이지 말고 다리 쭉 뻗고 밥 잘 먹고 잠 잘 자라고 말했습니다. 정말 옆에서 보기 딱할 정도였습니다.

전화는 9순위로 신청한 사람도 나왔다는데 우리 집은 어찌 된 일인지 감감무소식입니다. 어제, 내가 학교에 나간 사이 전화국에서 현장 검사를 하고 갔다 합니다. 내가 있었으면 부드럽게 대하면서 담뱃값이라도 주었을 텐데 애숙이가 툴툴 맞게 굴지 않았는지 모르겠습니다. 기다리면 언젠가 나오겠지만 어서 나와 당신과 편하게 전화했으면 좋겠습니다.

나날이 달라지는 선희가 놀랄 정도입니다. 단지 말이 좀 느릴 뿐. 건강 비오며, 안녕.

1974년 2월 2일

35
숙이 아가씨 아들 상영이 돌

오늘이 입춘입니다. 입춘에 화답하듯 안방 화분에 심은 철쭉이 활짝 꽃을 피웠습니다. 꽃을 보니 제 마음도 봄이 된 것 같습니다. 당신과 연애하던 추억도 생각납니다. 이래서 사람들은 꽃을 좋아하나 봅니다.

그제, 숙이 아가씨 아들 백일이었답니다. 떡도, 다른 것도, 아무것도 안 하고 넘어갔다고 합니다. 저는 명색이 큰 올케라 1,600원짜리 방수 요 카바를 사다 주었습니다. 참 좋아하더군요.

어제는 숙이 아가씨가 아들을 데리고 우리 집에 왔습니다. 이 서방과 경아는 오지 않았습니다. 그사이 아들이 많이 자랐더군요. 내가 아들을 안아주니 선희가 밀어내진 못하고 울음을 터뜨리더군요. 제 딴엔 샘이 난 거지요. 아기를 품에서 내려놓자 비로소 선희가 울음을 그쳤습니다. 그러더니 아기 곁으로 다가가 눈언저리를 눌러보더니 볼을 감싸고 손과 발을 만지작거리더군요. 아기가 얌전하게 있으니 제 딴엔 신기했던 모양입니다. 나중엔 얼굴을 맞대고 뽀뽀까지 하더군요. 모두 얼마나 웃었는지 모른답니다. 숙이 아가씨는 적적하다며 경숙 아가씨를 데리고 갔습니다.

2월 경숙 아가씨 학원비도 내주었습니다. 요즘 경숙 아가씨는 내 말이라면 팥으로 메주를 쑨다 해도 믿을 정도랍니다.

은진네가 어젯밤 10시 반에 집에 왔었습니다. 점을 보았는데 올부터 운수가 좋아진다는 점괘가 나왔답니다. 마음이 약해지니 별짓을 다 하는 것 같습니다. 사실이야 어떻든 마음의 위로라도 받았으니 다행이라 생각합니다.

은진네를 바라보면 딱해서 못 볼 지경입니다. 저한테도 돈을 꾸어 달라고 해서 올케에게 10만 원 정도 빌려 쓰라 했습니다. 그랬더니 이자가 걱정이라나요? 형제간에 무슨 이자냐고 했습니다만 해골처럼 비쩍 말라 걱정하고 다니는 걸 보면 가슴이 무너지는 것 같습니다.

경제 씨는 요즘 공부할 것 다 했다면서 슬슬 벌교 여자 만나고 다니는 모양입니다. 아무튼 우리 집에 있을 때 면허증을 꼭 땄으면 좋겠습니다.

벌써 새벽이군요. 오늘부터 등교입니다.
어젯밤 꿈에 당신이 또 오셨습니다.

안녕.

      1974년 2월 4일

※ 1973년 당시 해태 부라보콘은 50원, 롯데 새우깡은 100원이였다.

아버지가 아들에게 ⑤

어제는 봄을 데리고 온다는 立春(입춘). 고국에는 봄이 멀지 않았구나. 오늘은 음력 정월 14일 너의 생일날. 너를 祝福(축복)하는 듯 조용히 봄비가 내리는구나.

오랜만에 내리는 비다. 어머니는 깨끗한 몸과 마음으로 생일상을 차린다고, 어젯밤에 목욕재계(沐浴齋戒)하고, 오늘 아침 상머리에서는 공부 잘하라고, 건강한 몸으로 돌아오라고 天地神明(천지신명)께 두 손 모아 빌었단다.

外地 生活(외지 생활) 不便(불편)이 많겠지만 그러나 그 불편이 자기완성의 길이란다. 불인부인(不忍不人), 불인부인(不人不忍). 참지 못하면 사람이 아니요, 사람이 아니면 참지 못한다 했다. 잘 있어라. 여기 故鄕(고향) 大小家(대소가)도 다 잘 있구나.

　　　　　아버지. 1974년 2월 5일

36
정월 대보름 창밖에 눈이 내리네요

아침저녁으로 부는 찬바람은 여전하지만, 대지에 서서히 퍼지는 봄기운을 막을 수 없나 봅니다. 어제가 정월 대보름, 벌써 땅 밑에선 온갖 생명이 움트고 있겠지요. 날씨가 흐려 달을 보진 못했어도 바람에 스민 봄기운 덕분에 공연히 설레는 마음으로 하루를 보냈습니다.

당신의 스물일곱 번째 편지 받고서 10일이 되어 갑니다.
공부하느라 많이 바쁜가 보지요?

오늘이 2월 7일, 귀국하려면 아직 많은 시간이 남았지만, 오직 당신에 대한 사랑과 삶에 대한 용기로 열심히, 건강하게 남은 시간을 보내렵니다.

당신의 이부자리 깃은 검어지지 않았는지, 또 양말이나 속 내의, T셔츠는 자주 빨아 신고, 갈아입는지, 공연한 걱정인지 모르겠으나 그런 것을 챙겨줄 수 없는 아내 된 처지라 못내 신경이 쓰이는군요. 오늘 또 눈이 내려 보름달 대신 창밖에 쌓인 하얀 눈을 바라보고 있습니다. 눈이란 참으로 묘해서 시끄럽고 지저분한 일상을 감추는데 이만한 것이 없다 싶습니다.

애숙이는 쌓인 눈을 바라보며 환호성을 울리며 좋아하지만 저는 이럴 때 더 외로움에 붙잡히고 맙니다. 왠지 가슴 속이 더 답답해집니다. 모든 것을 훌훌 털어버리고 산이나 들로, 아니면 극장에라도 가서 영화 구경이라도 하고 싶습니다. 하지만 혼자 나가봐야 뭘 하나 하는 생각에 금세 마음이 식어 버립니다. 어서 당신이 돌아와 이런 날 선희와 셋이서 손을 호호 불며 눈사람을 만들면 좋겠습니다. 당신 거, 내 거, 그리고 선희 거. 세 개의 눈사람을 나란히 세워 놓고 하하 호호 웃음소리 날릴 날을 손꼽아 기다리겠습니다.

여보!

당신은 지금 무엇하고 계시나요? 공부? 일? 외출? 꿈나라? 혹시 꿈나라에 계시면서 저를 만나고 계시나요? 그곳에서 처음 맞는 봄과 함께 활기찬 생활 이어가리라 믿습니다.

선희는 날마다 아빠 노래 부르며 당신을 기다립니다. 다른 것은 다 좋은데 말이 조금 늦는 것이 걱정이군요. 아마도 언니나 오빠가 없어서 그런가 봅니다. 생떼를 쓸 땐 조금 과하단 느낌도 없지 않습니다. 제가 하겠다고 하면 끝까지 안하곤 못 배깁니다.

여보! 당신을 사랑합니다. 건강과 함께 내일을 기약하며 안녕.

1974년 2월 7일

37
민두식 교감 선생님

무고하십니까. 또 눈이 내리고 있습니다.

입춘이 지나고도 이렇게 자주 내리는 눈은 이번 겨울이 처음이지 싶습니다. 거의 매일 내리다시피 합니다. 지금 강아지가 깽깽거리는 소리가 들립니다. 아마 추워서 그러는 것 같습니다.

이렇게 눈 내리는 추위에도 선희는 밖을 나가자고 떼를 쓰는군요. 어제는 고양 농고에서 시국 강연이 있어 아침 일찍 강연을 들으러 갔습니다. 강연엔 고양 군내의 거의 모든 교사가 모였습니다. 사방이 훤히 트인 운동장에서 눈까지 맞아가며 강연을 들었습니다.

가는 길에 버스 안에서 민두식 교감 선생님을 만났지요. 선생님의 첫 마디가 "그렇게 아프다고 약병만 끌어안고 다니더니 이제 좋아 보이네."였습니다. 그분은 저보다 큰 딸이 있어 아버지처럼 여겼던 선생님입니다. 버스에서 내려 미끄러운 눈길을 걸어가며 딸의 마음이 되어 팔짱을 끼어 보았습니다. 한참을 걸으니 당신 생각이 나더군요. 왠지 가슴이 텅 비는 것만 같았답니다. 강연이 끝나고 집으로 돌아오는 길 내내 그랬습니다.

오늘은 오가는 길에 버스 안에서 여러 사람을 만났습니다. 먼저 만난 사람은 당신이 재무 씨에게 소개해 주었던 대화의 여선생이었죠. 벌써 아기 엄마가 돼 있더군요.

다음으로 고등학교 동창생을 5년 만에 만났습니다. 그녀는 아직 시집을 안 갔더군요. 그런데 얌전히 공부만 하던 아이가 마치도 빠 걸 마냥 너무 변해버려 몰라볼 정도였는데 저더러 늙었다고 말하더군요. 그 말이 계속 귓전에 맴돌아 집에 와서 한참이나 거울을 바라보았지요. 역시 앳된 예전의 모습보다 약간 성숙하게 변모한 얼굴이 거울을 가득 채우고 있었습니다. 그래도 실망하거나 서러워하지 않았습니다. 나를 알뜰살뜰 보살펴 주는 당신이 있기에 오늘 만난 민 교감 선생님이 '많이 좋아졌네' 하고 말씀하셨다고 생각합니다. 결국 동창생의 늙었다는 말은 가냘프고 연약하기만 했던 내가 당당하고 건강한 모습으로 변모한 것을 세련되지 못하게 표현한 것으로 이해하기로 했습니다.

당신이 보내온 필름을 맡긴 지 20일이 지난 오늘에야 사진을 빼주어 찾아왔습니다. 그런데 당신과 친구들 셋이서 찍은 사진은 당신이 제일 잘 나왔는데 눈을 감았더군요. 너무 웃다 그랬나요?

엎드려 자서 그런지 눈이 조금 부었습니다. 얼른 일어나 등교 준비해야겠습니다. 지금 선희는 자고 있구요, 저는 마냥 행복합니다. 28, 29번 엽서가 도착하지 않았는데 30번 엽서 받았습니다. 안녕.

1974년 2월 9일

아빠용.

건강 하십니까.

밤 늦이 없었는데요. 오늘은 첫째 며칠 이가 있나요 싶었지요. 추시 두께씨나 양말 또 같 도착해 왔습니다. 이렇게도 그렇게 온이 보내 주었다 잘 나에 그곳에서는 이제 하신데요.

무릎 바늘 들 일원 줄씨 바람 쿠리에 있을 하시려면 김이와 온이 힘쓰 거나가 아니겠어요. 꼭 해야 오늘에서 발 음에서야. 습단습니다.

이제 당신의 변에게 몸 건강히 여전함니다.

믿음 이네만

학년 진학 곁에도 학교에서 배드 결심을 되고 제 책상에 옷아 달아 서 줄 때도 있어요.

붓학년은 답에 이래요.

아직도 모든 학생 줄이 앞으로에게 배우는 뜻이 계속 같아요.

아빠용.

당신이 지혜 건강 하세요.

당신이 사랑을 흠뻑 마시며, 또한 경독히 느끼며 장은 모르고 살아갈 기다리고 있습니다.

신로.

당신이 봄날처럼 듬뿍하게 진심이 싶은 품위 지고 잘 다녀요.

이래로 이때로 마음이 충만 되세에서 외롭지 않는 험한 시험들의 험한 집은 곁에 새한 바람을 쪽이 아마 지탱해 나갈 했으리면 좀더 새로고 알뜰한 내심이 외해 길도 느낍니다.

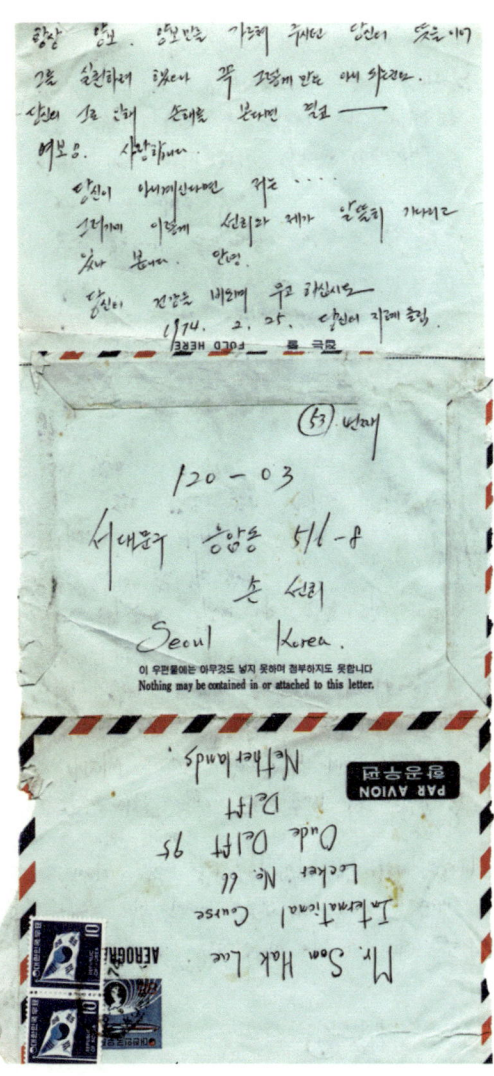

항상 염료. 양보만을 가까이 두시던 당신이 웃으시게 그럼 습관하여 왔다서 꼭 그렇게 만도 아시 하겠어요. 당신의 잘 해 손에도 본다면 될고— 여보용. 사랑해요.

당신이 아버씨면아면 저도....
그래에게 이렇게 선리라 제가 얼음히 가까이 꽃 봅니다. 안녕.

당신이 건강호 배에게 우리 하십시오.
1974. 2. 25. 당신의 지혜 손님.

120-03
서대문구 충암동 51-8
손 선리
Seoul Korea.

Mr. Son Hak Lee
International Course
Locker No. 11
Oud Olift 95
DIFT
Netherlands

38
친구 수경이와 기영이

건강하시며 무고하십니까.

음력설과 입춘이 지났지만, 날씨는 계속 영하 7도에서 9도 사이를 오르내립니다. 눈도 자주 내리구요. 허나, 그래봐야 19일이면 우수인데 얼마나 가겠습니까. 가는 겨울이 오는 봄을 어찌 막겠습니까.

내일이 우리 학교 졸업식입니다. 그런데 우리 교장은 전 교직원에게 한복을 입으라고 명령을 내렸습니다. 선생님들 입이 모두 나팔처럼 튀어나오고 말았습니다.

우리 교장은 안하무인입니다. '내가 명령했으니, 너희들은 따르거라' 하는 식입니다. 내일은 교사들이 노래까지 불러야 한답니다. 다들 교장을 욕하고 난리지만 따라야지, 별 수 있겠습니까. 나는 준비해 둔 한복이 있어 괜찮지만, 한복이 없는 교사들은 누구한테 빌려라도 와야 해서 다들 걱정이랍니다.

어제는 수경이와 기영이가 모처럼 집에 와 놀다 갔습니다. 오랜만에 닭죽을 끓였는데 다들 맛있다고 야단이었습니다. 닭으로 죽을 끓이는 것은 처음 본다나요? 나더러 어디서 배웠느냐고 물어보기도 했답니다.

혼기가 찼음인지 '배우자로 어떤 사람을 만나는 것이 행복할까?' 그 얘기로 한동안 이야기꽃을 피웠습니다. 저더러 당신 같은 남자 어디 없냐고 물어보기도 했습니다. 아무래도 자기들은 맞선을 보아 그중 좋은 사람 고르고 싶다고 말했는데, 생각해보니 아직 사귀는 상대는 없고 결혼에 대한 조바심도 없는 듯했습니다. 다만, 눈들이 조금 높아 보였습니다.

선희가 요즘 부쩍 아빠 노래를 부르고 다닙니다. TV에서 노래가 나오면 제법 엉덩이를 올렸다 내렸다 하며 나름 곡을 붙이고 말까지 섞어가며 떠듭니다. 가만 들어보면 음정도 맞는 것이 음악적 소질도 있는 것 같습니다. 그래도 한번 떼를 쓰기 시작하면 양손을 흔들고 두 발을 차며 앙앙불락합니다.

청결한 것은 나를 닮았나 봅니다. 종잇조각이 방에 뒹굴면 주워서 쓰레기통에 갖다 버리고 발에 무엇이 묻으면 꼭 발바닥을 털고 다음 행동에 나섭니다. 코도, 침도 흘리지 않아 얼굴이 늘 깨끗하답니다. 보는 사람마다 아이가 정갈하고 예쁘단 말을 듣는 비결이 이 때문인 것 같습니다. 요즘엔 머리도 많이 길었고 포동포동하게 살도 올랐답니다. 혼자서 밥도 잘 먹습니다. 내가 가끔 당신 사진 보고 있으면 다가와 눈이 뚫어져라 바라봅니다. 그리곤 손가락으로 가리키며 뭐라고 떠들곤 합니다. 아마 당신에게 하는 말일 듯싶습니다. 건강하시길, 안녕.

1974년 2월 11일

44 번째

PARIS — L'Opéra
The Opera — Das Opernhaus

당신이 보내준 59 번째 글 잘 받
았오. 그동안 별일 없다니 정말
다행하고 기쁜 일이오.
그동안 집에 식구가 많아 고생하는 모양
인데. 정아 복하는 서울에서 취직이
결정됬다 하드라고. 서울에 있으면 자춤
여러가지 성가셔. 그 이니 꼭 사본
누구라는 편에 딸려 보내기 어려오.
어떻게 읽은 기간은 본 눈치를 알리고
있으지? 그리고 예쁜 선희도 날려
재롱이 늘어나고? 여하튼 빨리 본
심경려. 무엇보다. 건강을 비오.
74. 3. 20. 학래로

Som. Hak Lae
Delft
Netherlands
120-03.
박 지 혜 귀하
서대문구. 응암동 516-8
Seoul Korea.

델프트에서 보낸 엽서

39
졸업식날 한복 입었어요

춥지 않습니까.
그쪽은 서울보다 위도가 높아 추위가 늦게까지 기승을 부릴 것이라 짐작됩니다. 아무래도 날씨가 추우면 게을러지기 쉬운 법, 아무리 추워도 운동 게을리하지 마시고 밥도 제때 꼭 해 드시기 바랍니다.

아무리 공부에 바쁘다지만 지금쯤 함께 공부하는 학생들과 친해지고 정이 들만한 할 시간이로군요. 게다가 아름다운 네덜란드임에랴 낯선 풍경이 익숙해지고 생활에 적응하기 시작하면 긴장이 풀릴 때도 있겠다 싶습니다. 그래, 하는 말인데 아름다움에 흠뻑 취하더라도 비틀거리진 마십시오.

오늘이 13일, 은진 엄마 1심 재판 날인데 2심까지는 가 봐야 어느 정도 결과를 예측할 수 있을 것 같습니다. 애타는 마음이겠지만 잘 해결되도록 마음으로 기도하렵니다.

우리 학교는 어제 졸업식을 마쳤습니다. 모든 교사가 한복을 입고 나왔는데 나는 결혼식 때 입었던 한복을 꺼내 입었습니다.

졸업식을 마쳤으니, 앞으로 12일 정도 등교하면 이번 학기도 안녕입니다. 봄방학이 끝나면 새 학기인데 몇 학년 담임을 주려는지 궁금하고, 괜히 걱정스럽습니다. 그래서 하는 말인데 우리 교장(박경준)과 교감(이건석)께 엽서라도 한 장 보내주세요. 당신의 아내가 정중히 부탁드립니다.

오늘 졸업식 끝나기가 무섭게 집으로 달려가 선희를 들쳐업고 동호네 집에 다녀왔습니다. 거기서 돼지불고기 맛있게 먹었습니다. 동익이는 옆방 할머니 손자 병관이가 다니고 있는 연서 중학교에 배당받았답니다.

당신의 편지는 어제(12일) 스물아홉 번째 것을 받았습니다. 예당 집에 갔다 온 이야기를 세세히 적어 보냈는데 아직 못 받아보았는지요. 그리고 은진네, 동호네, 작은 올케도 당신한테 편지 보냈는데 아직 답장이 없다고 합니다.

경제 씨는 23일 시험을 앞두고 요즘 공부에 열중하고 있습니다. 경숙 아가씨는 숙이 아가씨 집에 계속 머물고 있습니다.

선희는 봄이 오면 신발을 신겨 밖에 내보낼 생각입니다. 애숙이도 마음 잡고 일 잘하고 있습니다. 당신의 건강을 빌며 안녕.

1974년 2월 13일

40
세월아 빨리 빨리 가거라

여보! 정말 불러보고 싶습니다.

이제 보니 당신은 아직 나를 잘 모르는 것 같습니다. 내가 그리 속이 좁고 이기적인 줄만 아셨습니까. 이래 보아도 나도, 마음먹으면 무척 대범하답니다.

당신이 곁에 없다고, 혼자서 선희 키우며 학교 나가느라 고생한다고, 그것을 핑계로 항상 나를 염려해 주시는 부모님을 어찌 소홀히 대할 수 있겠습니까. 최소한의 도리는 해야 한다는 생각에 돈 좀 썼습니다. 선물 받고 좋아하시는 부모님과 막내 도령을 바라보면서 준비해 가길 참 잘했다고 생각했습니다.

고추장은 12월 29일 국제 우체국에서 항공이 아닌 선박 편으로 보냈습니다. 운임은 3,600원이 들었는데 혹시 당신이 찾을 때 돈이 들었는지 받고 나서 편지에 적어 보내십시오. 받을 장소는 학교로 적었습니다. 2월 중순 이후 당신이 방을 옮긴다고, 무엇이든 학교로 보내달라는 편지를 읽고 그리했습니다.

지금 편지를 쓰고 있는데 선희가 편지에 자기 모습을 담겠다는 듯 고개를 들이밉니다. 이 편지 받거들랑 당신 딸의 귀여운 모습을 숨은그림 찾듯 찾아보기 바랍니다.

봄이 가까운 탓에 낮엔 노곤함이 밀려와 졸음이 쏟아진 하루였습니다. 새벽이 되니 또 눈이 내립니다. 어제 아침에도 일어났을 때 눈이 내렸는데 정말 봄이 오려면 더 많은 눈이 필요 하나 봅니다.

여수 동서한테 연락이 왔는데 어찌나 영래 도령이 꼼꼼하게 잘해주는지 모르겠다며 자랑을 늘어놓더군요. 그 말을 들으며 나도 당신 생각 많이 했습니다. 비록 몸은 떨어져 있지만 마음은 늘 함께 있다는 사실을요. 오늘이 가면 내일이 오고 또 내일이 가면 또 내일. 이렇게 덧없이 흐르는 시간이 아깝긴 해도 어서 당신 귀국 날이 왔으면 좋겠습니다.

이곳 서울에선 공무원 숙정 작업 때문에 공직사회가 야단법석입니다. 조금이라도 서툴게 굴었거나 군다면 해직된답니다. 세무공무원만 해도 벌써 300명이나 해직당했단 소식입니다.

지금도 눈이 내립니다. 눈이 그치고 어서 봄이 왔으면 좋겠습니다.

오직 당신의 평안과 무고와 건강만을 추구하면서.

1974년 2월 15일

41
전화 설치비 7만 5천 원

건강하시며 무고하십니까. 당신의 아내와 선희 모두 편안합니다.

경제 씨는 시험이 얼마 남지 않았다고 방에만 틀어박혀 있습니다. 애숙이가 "진지 드세요"하는 말을 하면 그때 이부자리를 박차고 나옵니다. 시험 준비를 마쳤냐고 물어보면 자신 있다고 하는데 글쎄 두고 볼 일입니다. 요즘엔 사귄다는 별교 여자도 가끔 오갑니다. 내가 있을 때도 두 번, 없을 때도 왔다 간 흔적이 보입니다. 그 여자하고 결혼하겠답니다.

네덜란드도 봄이 성큼 다가왔지 싶습니다. TV에선 벌써 제주도에 꽃망울이 부풀었다면서 연일 이른 봄소식을 전하기 바쁩니다. 당신도 이부자리며 옷가지 등을 세탁하고 주변을 말끔히 정리하며 산뜻하게 새봄을 맞았으면 합니다.

토요일(17일) 학교에서 돌아와 보니 기르던 개가 사라지고 말았습니다. 아무래도 우리 집하고 개는 맞지 않은 것 같습니다.

큰언니에게 말했더니 자기네 개를 가져가랍니다. 집을 나간 우리 개는 종자가 좋았는데 그 개는 똥개여서 가져오기가 망설여집니다.

전화 설치비 중 나머지 75,000원 내라는 통지가 왔습니다. 그런데 수중에 돈이 없습니다. 당신의 봉급에서 생활비 떼어 쓰고, 영래 도령과 영우 결혼식 때 지출한 비용이 많아서 그렇습니다. 다행히 언니가 빌려준다고 했으니 걱정 말기 바랍니다. 설치비를 내면 얼마 안 있어 전화가 나온답니다. 어디 걸 데도 없지만, 당신 목소리 자주 들을 수 있다고 생각하니 기대가 큽니다.

이곳 서울은 너무 염려 마시고 오직 당신 스스로에게만 신경 쓰세요. 그래도 나와 선희는 항상 생각해 주셔야 합니다. 안녕.

1974년 2월 18일

예당초등학교 꽃밭에서 누나와

누나 편지 ②

학래 보아라.

만물이 고요히 잠든 밤, 12시가 지났구나.

그동안이라도 너의 몸 건강하고 공부 잘하고 있느냐? 이곳에 계신 부모님, 또 영래, 양래도 잘 있다. 진즉 펜을 들려고 했으나 그동안 바쁜 일이 많아 늦어졌다. 전번 편지에 네 편지가 하도 안 오길래 싫은 소리를 했는데 미안하다. 네 편지를 받으니 그동안 네게 가졌던 불편한 마음이 봄눈 녹듯 사라지더구나.

나는 꿈마다 너를 보았는데 타국에서 얼마나 고생이 많으냐? 월급은 얼마를 받아 학비는 얼마를 주고 식비는 얼마나 드는지. 어머니는 항상 네 걱정이고, 맛있는 것만 보아도 너 생각이 나신단다. 네가 멀리 있으니까 더 그러신 모양이다.

얼마 전 여수에 가서(1월 8일) 녹음기를 한 대 빌려왔다. 자형이 이제야 한방 공부하신단다. 그 때문에 사흘에 한 번씩 광주를 오가면서 강의를 듣는데, 그걸 녹음해 와 집에서 또 듣는다는구나.

영래 처는 성격이 상당히 상냥한 것 같더라만 속은 어쩐지 모르겠다. 영래도 신혼이라 때로 의사소통에 차이가 있는 모양이더라. 영래가 장가 가기 전 어떻게 했는지 모르지만, 우리 집에 들어올 돈이 10만 원이 넘게 있다.

그래서 양래 하숙비를 다달이 1만 원씩 주었는데 이제 만 원은 너무 벅차 오천 원만 주기로 했다고 하는구나. 어머니는 계속 만 원을 주라고 하신다는데 어쩔지 모르겠다.

그나저나 살기가 점점 어려워져 다들 죽는다는 소리뿐이구나.

중동 전쟁으로 유류값이 오르는 통에 모든 물가가 천정부지로 올랐는데 쌀값만 그대로다. 그래서 집안일이 제일 큰일이다. 지금 조국은 정치 경제가 다 시끄럽고 어지럽다. 1월 8일 계엄령 비슷한 것과 대통령 특별 담화가 내려졌다. 네덜란드도 여간 시끄럽지? 그 나라는 아랍에서 석유를 한 방울도 주지 않는다는데 그 말 사실이냐?

지금 경숙이는 서울 네 집에 있고, 양래는 순천에, 정희와 형준이는 방학이라 복래에서 서당에 다니고 있다.

네가 필요한 무엇을 보내고 싶은데 무엇이 필요한지 말해 보거라. 참기름을 부치려고 했는데 우체국에서 안 받는다고 하더라. 필요한 것 말해라. 부쳐주마. 할 말은 많다만 이만 줄인다.

복래에서 누나 1974년 1월 9일

자형 편지 ①

그동안 몸 건강하며 잘 있느냐. 타국 생활에 고생이 많겠구나. 이곳 식구들은 염려하여 준 덕택으로 모두 잘 있단다. 진즉 서신을 띄우려고 하였으나 워낙 筆(필)을 잘 들지 않는 버릇이라 오늘에야 편지를 쓰는구나.

이곳은 쌀쌀한 날씨가 물러가고 봄으로 바뀌는 찰나인가 보다. 정희, 형준이는 학년 말을 맞아 새 책을 타 왔다. 요즘 둘 다 받아쓰기를 하는데 누나와 동생이 거의 같은 수준이라 정희가 조금 걱정이 되는구나.

나는 음력설 전까지 한방 공부를 좀 하다 몸이 좋지 않아 요사이는 쉬는 중이란다. 공부는 얼른 해야겠는데 머리엔 안 들어가더라. 역시 공부도 때가 있는 것 같구나.

너도 타국에서 고향 생각, 집안 생각 많이 나겠지만 마음 든든히 먹고 열심히 일 년 공부 잘 마치고 오기 바란다.

영래는 이번 숙정 작업과 관계없이 여수에 머무르게 된다고 하더라. 예당에도 별고 없으신 지 3일 전 어머니께서 다녀가셨다. 무엇보다 몸조심하여라. 이만 줄인다.

자형 씀 1974년 2월 21일

42
어제는 우수

당신의 32, 33번째 편지 받았습니다.

어제는 대동강 물도 풀린다는 우수였지만 비가 내려 으스스한 날씨였습니다. 그러나 두툼한 외투 벗어 던지고 바바리 반코트에 얇은 블라우스를 입은 여자들의 옷차림에서 봄이 왔음을 실감할 수 있었습니다. 역시 봄은 여자들의 옷매무새에서부터 온다는 말이 맞는 것 같습니다. 당신 계시는 곳도 봄이 왔을 테니 우리 함께 이 봄을 가슴에 품고 희망찬 미래를 꿈꾸면 어떨까요.

어제 작은 올케께서 집에 오셨습니다. 요즘 서울에 오시면 꼭 우리 집에 들르시는데 꿈자리가 사납다면서 매사에 조심하란 당부를 하고 가셨습니다. 올케 말씀이 아니어도 사람의 일이란 한 치 앞도 모르는 것이니 당신도 늘 조심하고 침착하게 행동하십시오. 당신은 나더러 침착하라고 하지만, 당신도 특유의 덤비는 성격이 있기에 하는 말입니다. 혹시라도 다급한 상황에라도 이르면 더 냉정하게 상황판단을 하여 어떠한 사고도 일어나지 않게 주위를 잘 살피고 조심 또 조심하십시오.

방세가 싼 곳으로 옮긴다더니 혹시 돈이 부족해 그리 결정하셨습니까. 그곳도 석유 파동 때문에 물가가 많이 올랐으리라 짐작합니다. 당신이 받는 생활비만으로 정상적인 생활이 어려우면 어쩌나 걱정이 많습니다. 서울은 전보다 물가가 두 배, 세 배 오르는 등 걷잡을 수가 없으며 심지어 어제와 오늘의 물가가 다릅니다.

망설이던 끝에 언니네 개를 데려다 놓았습니다. 낯선 곳에 데려다 놓아서 그러겠지만, 어찌나 시끄럽게 짖어대는지 귀가 아플 지경입니다.

애숙이는 요즘 말 잘 듣고 일 잘합니다. 가끔 입이 삐죽하게 나올 때도 있지만 '너 그러렴'하고 모른 척하면 혼자 풀린답니다. 시계가 차고 싶다는 둥 가끔 속내를 터놓고 말할 때도 있습니다. 경숙 아가씨는 21일부터 등교 중이고, 지금 숙이 아가씨 집에 있습니다. 숙이 아가씨가 이달 말 이사 가는데 일손이 필요하다며 붙잡는 중이랍니다. 경제 씨는 23일 1차 시험입니다.

언제나 당신의 무고, 무사, 편안, 건강만 빕니다. 안녕.

1974년 2월 20일

43
오솔길을 걸으며

건강하십니까. 당신이 보낸 34번 엽서 잘 받았습니다.

추위가 그대로 물러가기 아쉬운지 오늘 아침 영하 6도까지 내려갔습니다. 며칠 따뜻하다 기온이 내려가니 체감 추위가 더합니다만, 그래 보았자 얼마나 가겠나 하는 마음으로 하루를 보냈습니다. 내일이 이경제 씨 시험입니다.

당신 하숙방은 옮겼습니까. 요즘 웬일인지 거의 매일 밤 꿈속에서 당신을 만납니다. 꿈도 생각하는 대로 꾸는 법이라 했는데 온통 내 생각엔 당신뿐인가 봅니다.

교사들 사이에선 새 학기를 앞둔 지금이 어쩌면 가장 긴장되고, 기대와 희망이 부풀어 오르는 시기라고 할 수 있답니다. 몇 학년을 맡을지, 또 담임을 맡을지 말지. 앞으로 일 년, 생활의 힘듦과 수월함이 이 두 가지에 달려있습니다.

오늘 이경제 씨를 시켜 전화 설비비를 납부하려고 합니다. 그런데 설비비를 내는 데도 여간 복잡한 일이 아니로군요.

먼저 10,000원을 가지고 주택은행에서 '국민주택은행채권'을 손영래 씨 명의로 구입 후, 그 채권으로 우리 집 관할 전화국인 불광전화 국에 가서 75,000원을 내야 한답니다.

전화 가설은 4월 1일에서 5월 31일 사이에 해준답니다. 개통되더라도 통화는 교환을 거쳐야 한다고 일러 주었습니다.

서툰 솜씨로 시 한 편 써 봤습니다.

    당신의 모습이 눈에 아른거려 감아야 하려는지
    밀물처럼 밀려오는 수많은 사연이
    지나가 버린 아름다운 추억을
    하나둘씩 일깨워
    침묵하고픈 마음을 슬픔 속으로 인도하고
    이름 모를 먼 곳으로
    멀리멀리, 희미해져 가는 영상이
    기다림 속에서 되살아날 때
    이슬비는 내리고‥‥‥.
    당신과 나는 오솔길을 걸으며 사랑의 꽃을 피웠는데‥‥‥.

비가 오려나 봅니다. 일기예보에도 비가 온다고 했습니다. 그래선지 날도 몹시 흐리고 안개가 자욱합니다. 네덜란드는 이런 날이 많다지요?

배 나온다고 걱정하던 당신이었는데 타관 생활에 게다가 먹는 것이 부실해 배 나올 염려는 안 해도 되겠지요? 그러나 늘 내 몸 아끼고 사랑하십시오. 오늘도 선희와 당신의 아내는 당신이 무사 귀국하기만 손꼽아 기다리며 두 손 모아 당신의 건강을 비옵니다.

안녕.

1974년 2월 22일

응암동 집에서

1974

봄

44번째 편지. "햇살이 순하고 곱습니다"

44
햇살이 순하고 곱습니다

교실 유리창을 넘어 드는 햇살이 순하고 곱습니다. 밖을 나가면 아직 코끝을 아리게 하는 찬 기운이 쌩해도 볕은 벌써 봄을 실어 나릅니다. 방은 옮겼습니까. 혹시 속 내의나 양말 같은 거 모자라지 않는지. 양말에 구멍이 자주 나던데 거기서도 당신 총각 때처럼 엉성한 바느질로 꿰매어 흉한 모습으로 신고 다니진 않는지. 그러면 안 됩니다. 말씀만 하십시오. 당장 보내겠습니다.

오늘 종업식을 마친 다음 점심을 먹고 책상에 앉아 당신께 펜을 들었습니다. 몇 학년을 맡게 되려나 아직 모르지만 기대 반 설렘 반의 심정이 되어 내일을 기다리고 있습니다. 당신이 주시는 사랑을 듬뿍 가슴에 안고 기쁜 마음으로 학교생활을 했던 지난 일 년의 세월이 주마등처럼 스치고 지나갑니다.

그렇지만 내가 스스로 강해져야겠단 생각을 하고 있습니다. 비록 당신의 살뜰한 보호 속에 산다고 하지만 궁극적으로 사람은 고독한 것이고 누구의 보살핌 없이도 홀로 설 수 있어야 하기에 내가 이런 마음을 가지는 것이 당신을 위해서도 유익하다고 생각합니다. 항상 양보와 양보의 미덕을 강조하던 당신의 마음을 잘 알지만, 양보의 미덕을 발휘하는데도 지혜가 필요하다고 생각합니다. 당신을 사랑합니다.

1974년 2월 25일

45
고마운 정재무 씨 부부

오늘은 3월의 첫날, 창밖에서 서성거리던 봄이 문지방을 밟고 들어오는 것 같습니다. 새해를 맞아 크고 작은 기대와 다짐을 다잡은 지 벌써 두 달, 올해도 어김없이 계절은 선심 쓰듯 봄을 내어주는군요.

당신의 36번째 그림엽서 잘 받았습니다. 옮긴 방이 전에 살던 곳보다 깨끗하고 좋다니 좋습니다. 그런데 방을 혼자 쓴다는 말에 살짝 이상한 생각이 꼬리를 물고 일어나는군요. 하지만 공부에 더 집중할 수 있는 환경이라 생각하고 괜한 생각은 하지 않기로 마음먹었습니다.

오늘 정재무 씨 부인께서 당신 봉급 갖고 왔더군요. 평소보다 몸이 말라 보여 물어보니 과로로 유산이 되었다고 합니다. 몸을 좀 추스른 다음 2~3개월 후 다시 아기를 갖겠다고 했는데, 한번 유산되면 또 되기 쉬운데 건강관리 잘하라고 당부했습니다. 이강용 씨 부인도 임신 4개월로 접어든다고 합니다.

정재무 씨 부부

봉급이 인상되었다는데 별로 체감되지 않습니다.
더구나 물가까지 오르니…….

경숙 아가씨는 3월 5일 개강한답니다. 나도 요즘 봄방학 중이지만 학교엔 계속 나갑니다. 사무 처리할 것이 많습니다. 몇 학년을 맡을지 내일 학교에 가봐야 알겠습니다.

우리 교장께서 당신 편지 받았다고 자랑하더군요. 고맙습니다.
제 청을 들어주어서.

오늘은 3·1절이라 TV에서 특별 방송이 나오는군요. 그런데 당신께서 그리 사지 말라던 TV값이 엄청 올랐답니다. 엄두를 못 낼 정도로. TV뿐만이 아닙니다.

아마 네덜란드도 그렇겠지요. 여럿이 살 땐 몰라도 혼자 살게 되면 당신의 수입으론 생활하기 빠듯할 텐데 아껴 쓰기 바랍니다. 안녕.

1974년 3월 1일

46
3학년 담임을 맡고

세찬 봄바람이 꽃샘추위를 쓸고 가버렸는지 한결 따스한 기운이 돌았던 오늘 하루였습니다. 그런데도 내일의 날씨를 알리는 일기예보는 비 또는 눈이 온다고 합니다. 아직 봄이 겨울을 밀어내기에 힘이 부족한가 봅니다.

이렇듯 종잡을 수 없는 계절의 뒤섞임 속에서도 또박또박 날이 가고 시간이 흘러 어느덧 새 학기를 맞이하게 되었습니다.

오늘 내가 맡은 학년은 3학년. 제겐 알맞은 학년이라 생각합니다. 앞으로 일 년 동안 열심히 학생들을 지도해 우리 반을 3학년 최고 반으로 만들자고 다짐합니다.

은진 엄마의 몰골이 이루 말할 수 없이 망가졌습니다. 뼈만 앙상하게 남았고 그 곱던 얼굴이 형편없이 변했습니다. 얼마나 심적 고통이 크면 그리되었겠습니까. 보면 볼수록 불쌍해 죽겠습니다.

공판은 두 차례 받았는데 앞으로 두 번 더 남았다 합니다. 1심 판결은 징역 6개월에 집행유예 2년이었습니다.

덕은초등학교 선생님들과 함께

실제 징역을 살지 않은 것은 다행이지만 우리 형제 중 이런 불행을 겪는 사람이 있다는 것을 생각하니 가슴이 아픕니다. 은진네가 마음이 악하고 성정이 사납기나 했으면 모르겠습니다. 현재로선 내가 무엇을 어떻게 도와줘야 할지 막막할 따름입니다. 앞으로라도 잘돼야 할 텐데 걱정스럽기만 합니다.

당신의 선희가 지금 잠들어 있습니다. 애숙이 말에 의하면 자다가도 옆을 더듬어 보고 내가 없으면 눈을 번쩍 뜨고 울어버린답니다. 내가 등교했을 때 이런 일이 벌어진다고 하니 안쓰럽기만 합니다.

숙이 아가씨는 3월 12일 이사한다고 합니다. 애숙이는 일은 잘하지만 요즘 살살 거짓말을 해서 걱정입니다. 애숙이가 집안의 많은 일을 하기에 좀 정직한 마음으로 해주면 좋겠는데 가끔 속을 뒤집어 놓곤 합니다. 무고하길 빕니다. 안녕.

1974년 3월 3일

47
생일날 강아지 선물

당신의 37번째 글 잘 받았습니다. 당신이 편지에서 밝힌 대로 복자가 말 잘 들으면 귀국 때 선물 사다 준다고 전했더니 삐죽 나와 있던 나팔입이 언제 그랬냐는 듯 쑥 들어갔습니다.

요즘 학기 초라 어찌나 일이 바쁜지 잠시 쉴 틈조차 없습니다. 집에 오면 완전 넉다운이 되고 맙니다. 너무나 피곤한 나날의 연속이랍니다.

3월 5일 복자와 정자가 서울 올라왔습니다. 무슨 기술을 배우려고 한다는데 나는 골치 아파 죽겠습니다. 복자! 전에 내게 하던 것을 생각하면 미운 마음만 일어납니다. 아무리 가라앉히려고 해도 복자의 천성과 말투를 생각하면 도무지 우호적 감정이 생기지 않습니다.

여보!

어제는 호적상 내 양력 생일이었는데 나는 까맣게 잊고 있었답니다. 그런데 경숙, 숙이 아가씨가 내 생일을 기념해 주지 않았겠습니까. 얼마나 고맙고 감격스럽던지.

선물받은 강아지와
놀고있는 선희

숙이 아가씨는 예쁘고 귀여운 강아지 한 마리를 선물로 가져왔고 경숙 아가씨는 손수 콩나물 등을 사다 국을 끓여 주었습니다. 잊고 지내던 생일을 기억하고 축하해 준 두 시누이의 마음에 감동해 호화로운 호텔 뷔페 음식보다 더 맛있게 먹었습니다.

은진네는 집이 팔렸답니다. 4월 15일 이사한답니다. 아직 이사 갈 집은 정해지지 않았구요. 너무나 말라버린 은진 엄마가 불쌍하기만 합니다.

큰언니네(남가좌동 5-10번지)는 아무 일 없이 잘살고 있고, 울산 올케언니가 엊저녁 곗돈(20만원)주러 왔다 갔는데, 건태가 전교 1등을 했다고 좋아하시더군요. 우리 선희도 건태처럼 공부 잘하겠지요? 당신의 건강과 무사함을 빌면서.

1974년 3월 8일

48
어머님 다리가 불편하시답니다

여보! 편안하십니까.

제 생각 많이 하십니까. 나보다 선희가 더 보고 싶으십니까. 혹시 선희 다음 순서가 나는 아니겠지요. 모든 것이 나 다음에 선희, 그리고 부모 형제들입니다. 순서가 잘못된 건 아니지요?

오늘은 토요일, 가랑비가 내리고 있습니다.

당신이 집에 계셨다면 정구 못 친다고 투덜거리고 나는 고소하다며 입가에 미소를 흘릴 만한 날씨입니다. 이젠 완연한 봄이기에 여인들의 옷차림이 화사하게 변해갑니다. 지금 내리는 가랑비가 그치면 날씨도 더 포근해지겠지요.

봄이 되어 예쁜 옷을 입고 나오는 여자들을 보니 나 또한 새 옷을 입고 싶은 욕심이 생깁니다. 없으면 없는 대로 있으면 있는 대로, 또 그건 사치라고 하면서도, 그런 마음이 생기는 것은 여자이기에 어쩔 수 없나 봅니다. 한 가정의 살림을 책임진 주부로서 욕망에 따를 수 없는 내 처지가 못마땅하지만 어쩌겠습니까.

집에 와 있는 정자, 복자가 말하는데 예당 어머님께서 다리가 불편하시답니다. 이번 달 생활비를 조금 줄여 3,000원 보내드렸습니다. 어느 쪽 다리, 어느 부분이 불편하신지 자세히 몰라 우선 약이라도 사드시라고 그리했습니다. 혹시 모자라면 연락하시라고도 했습니다. 좀 더 보내고 싶었으나 가계 생활에 무리가 가진 않아야겠기에 그만큼만 보냈으니 적게 보냈다고 탓하지 말기 바랍니다.

곁에서 선희가 곤히 잠자고 있습니다. 당신처럼 차돌같이 단단하고 예뻐지는 모습만 그리십시오.

안녕.

1974년 3월 9일

양래 편지 ①

형님께

그동안 안녕하셨습니까.

형님께서 보내신 편지 잘 받아보았습니다.

형님 답장이 안 오길래 혹시 제가 형님 주소를 잘못 써 제 편지가 도착하지 않았나 생각하던 중 형님의 반가운 편지 받았습니다.

어머니께선 지난번 무릎을 약간 다치셔 요즘 약간 다리가 불편하십니다.

지난 구정 때 형수님이 선희 데리고 예당 내려왔는데 형수께서 제게 만년필을 선물로 사오셨습니다. 서울 올라가시면서 사람들이 많아 고생을 많이 하셨다고 합니다.

오늘은 작은 형님이 형수님과 함께 광주 들러서 저의 하숙집에 오셨습니다. 지난 구정 때 오시고 또 오셨습니다.

지난번 광주은행에 계시는 김재기 씨를 만나고 왔습니다. 작은형이 한번 만나보라고 하더군요. 그분 댁에서 과일 많이 먹고 왔습니다.

이번 학기에 하숙집을 옮겼습니다. 주소 아래에 적었습니다. 그럼 몸 건강히 안녕히 계십시오.

* 전남 순천시 인제동 5반 186의 2 이영석 씨댁.

　　　　　　　양래 올림 1974년 3월 3일

49
시끌복작한 우리집

당신의 38번 편지 잘 받았습니다.

지금 나의 유일한 즐거움은 오직 당신의 편지뿐입니다.

편지 속엔 약간의 오해를 부를만한 내용도 있지만 마음에 담아두지 않으려고 노력 중이라는 점 알아주었으면 좋겠습니다. 그래도 내가 모든 식구 중에서 톱이라니 정말 기분 좋습니다. 물론 나도 당신이 톱입니다.

어제 수경이와 기영이가 다녀갔습니다. 그런데 기영이가 싫다는데도 줄기차게 따라다니던 남자가 그만 발길을 끊어버렸다고 고민하는 것이 아니겠습니까? 따라다닐 때는 싫다가도 떠나버리면 아쉬운 게 사람의 마음인가 봅니다.

기영이는 맞선을 본 남자 중 누구를 선택해야 좋을지 고민이 많더군요. 기영이를 좀 도와주기로 마음먹고 행동에 나섰습니다. 수경이와 함께 기영이 어머니를 만나고 또 상대방 남자를 만나 이야기를 들어보았지요. 어쩌면 잘될 것도 같았습니다. 내가 너무 나선다고 흉보진 마세요. 기영이의 선택을 돕고 싶었으니까.

어제 정재무 씨와 부인이 오셨답니다. 사글세 방을 얻어야겠다고 하더군요. 어쩌면 석관동 쪽으로 갈 것 같다고 했습니다.

이강용 씨는 저번(3월 3일)주에 왔다 가셨는데 내가 마침 일직이라 학교에 가고 없을 때였습니다. 어찌나 미안하던지. 다음 주에 찾아가서 고맙다는 말씀 전해야겠습니다. 애숙이 말에 의하면 이강용 씨의 몸이 많이 불어나 돼지 같았답니다. 아마 제2의 백금녀가 나오지 않을까 염려됩니다.

어제 경제 씨도 집에 왔습니다. 당신 귀국 전에 벌교 여자랑 결혼할 예정이랍니다. 지난번 시험 본 것은 응시자 중 유일하게 합격할 것이라더군요. 3월 15일 1차 발표하고 18일 2차 시험이랍니다.

요즘은 식구가 너무 많아(경제, 정자, 복자, 경숙, 애숙, 나, 선희) 집안이 꽉 찬 느낌입니다. 경숙 아가씨가 쓰던 건넌방에 경제 씨 혼자 자는데, 나머지 다른 식구들이 모여 자는 안방은 발 뻗을 곳이 없을 정도랍니다. 애숙이가 손님이 끊일 새가 없다고 투덜거리는 것이 어쩌면 당연하다 싶습니다.

결국 이런 불편(?)을 감내하며 살고 있으니, 당신이 늘 애기 같다던 내가 마음이 너그러워지고 속도 넓어졌단 생각이 들지 않으십니까. 결국 당신 마누라 잘 얻은 거죠? 하하.

당신 수중에 50,000원 있다는데 그 돈은 당신 마음대로 지출하세요. 나보다 당신 생각이 나을 테니까요. 나한테는 돈으로 보내고 나중에 내가 갖고 싶은 물건 사다 주세요. 내가 욕심이 많지요?

이제 보니 당신의 딸 선희 머리가 참 좋은 것 같습니다. 손, 발, 눈, 코, 입, 머리 가르치지 않았는데 물어보니 전부 압니다. 먹는 것보다 책 보는 것을 더 좋아하고. 연필을 손에 쥐면 어디나 북북 긋고. 동그라미도 제법 잘 그립니다.

아마 당신 돌아오시면 깜짝 놀랄 겁니다. 신통하지요.
당신의 아내가 선희를 영리하게 잘 키우고 있답니다.

당신의 오직 하나 올림.

1974년 3월 11일

여보오.
건강 하시며 무고 하십니까?

이곳 당신이 잠깨와 신비 안녕 문안합니다.
또한 체제도 반전이 많이 늘어 않아 덕인이며 무력에도
앞을 부쩍 하고 편하다 하며 되오니 하고 있지요.

오늘 액세서 '편지' 됬데요. 이만 음하고 아부라지도 같이
부쳐 읽기가 나왔는걸.

이에 오현씨도 서점을 보내며, 묻기오면 이점으로는
다치게 자신이 있나 올해요. 주고 보아야죠.

요즘은 여자도 (발살 아사대로) 가끔 오가고 하고, 세가
있는데만도 그래. 있으는데 많아서 가는 하나라죠.
그러자고 결혼도 하겠데요...

여보오
애는 어이네도. 그들의 성품이 넓어네요.
그로도 아닌 말이 있다고 아닌 이었죠. 이모도 깊을므라고
성변사랑을 하며 음식은 TV에서 천전부구 있지요.
당신도 분명 본에 하다오며서 같은 곳 못음이 생각하고
하진 말을 감히 해야 것지요.

바쁘시겠지만. 어제 긴급하면 일반이의가 떠 마지고
아쉬어죠. 피합하고 왕하시고.
어깨서 집은 강 같은 기분이에요.
토요일 (17일) 문화 서류내었다는 게가 나가이나도 없을
길. 우리끼리는 가는 못지가 생각났지만.
분명 우리를은 중하고 있지만 이녀년에 언제 가져 아래지
길, 우리들의 끈이 못 않았던 말. 한번. 두번는 - 그녀
기쁨. 이게 앞에 성이나려 해야.

그런 간화요금 나아가 7만5천원이 것 나가게 약해
장아보니 집은 손이 자고 있는. 당신 걱정 당하게 빠지고
영아진것. 라리드 내면이에

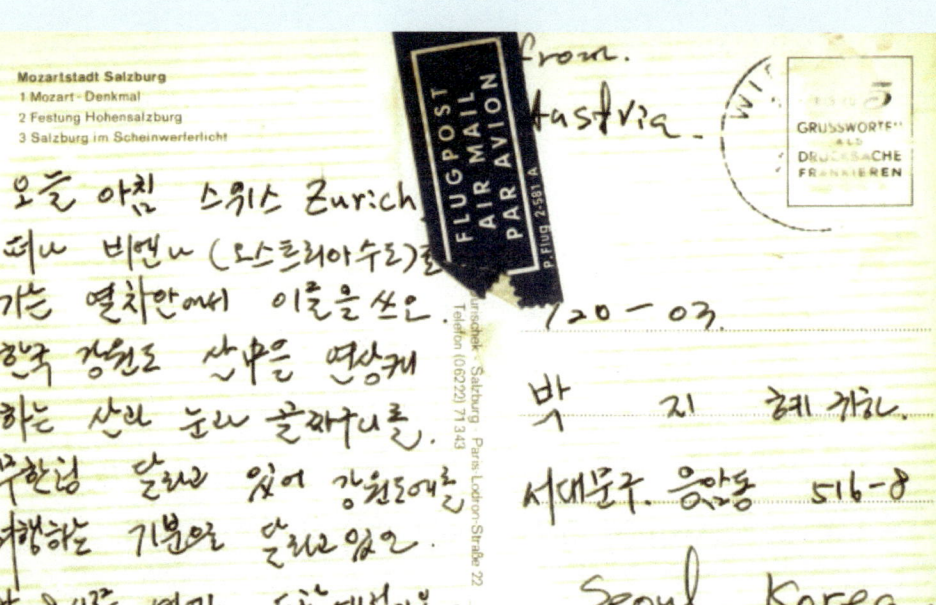

스위스-오스트리아 여행 중 보낸 엽서

50
복자 취직

덴마크에서 보내주신 카드 잘 받았습니다. 참 행복해 보이더군요. 내가 부러워하라고 그리 해맑게 웃었습니까. 당신의 아내가 보내는 이번 봄은 아무런 장면으로도 남아있지 않을 것 같아 슬픕니다.

카드도 좋지만, 엽서에 좀 더 자세한 이야기 써 주었으면 합니다. 당신 주변에서 일어나는 사소한 일이라도 길게 듣고 싶습니다. 그림엽서는 읽고 또 읽어도 너무 짧아 갈증만 납니다.

추운 나라라 하셨는데 두꺼운 옷 준비해 가셨는지요. 감기로 고생하면 아니 되옵니다. 여행하고 돌아오면 피로할 테고 빨랫감도 많이 생기겠지요. 그런 것 생각해, 일정에 맞게 체력 안배 잘하고 돌아오기 바랍니다. 또 많은 곳을 주마간산하듯 지나치면 나중에 무엇을 보았는지 모르니 하나를 보더라도 꼼꼼히, 자세히 살피고 오십시오.

죽어도 시골에 내려가지 않겠다던 복자가 취직을 했습니다. TV 부속품 조립공장이라고 하는데 시간당 24원을 받고 일하는 곳이랍니다.

아는 사람이 소개해 주었다 합니다. 그 성격에 잘 붙어 있을는지 모르겠는데 애숙이도 생각이 있는지 자꾸만 물어봅니다.

정자는 시골에 다시 내려가려고 마음먹은 것 같습니다. 요즘 경제 씨도 와 있어 집안이 복잡합니다. 혼자 있길 좋아하는 내 감각이 무뎌져 버린 것 같습니다. 시집오면 으레 겪은 일인지 모르겠으나 때로 불만이 솟구쳐 오를 때도 있다는 걸 당신도 알아주었으면 고맙겠습니다.

이제 선희 봄옷 다 짰습니다. 그 옷을 입혀 사진관에서 총천연색 사진을 찍어 당신께 보내려고 마음먹고 있습니다. 순식간에 훌쩍 커버린 선희, 눈에 넣어도 아프지 않을 것만 같습니다.

꽥꽥 소리 지르는 애숙이 밑에서 군소리 없이 잘 자라는 선희를 자주 바라봅니다. 당신의 아내는 외로운 시간을 달래는 힘이 오직 이 녀석에게서 나온다고 생각합니다. 안녕.

1974년 3월 14일

51
갑자기 휑한 우리집

여행 무사히 마치셨다니 다행입니다. 저 역시 어제까지 무척 바빴고 오늘부터는 학교 업무가 끝나 한가해졌습니다.

3학년이라 오후 수업을 마치면 3시 30분쯤 되는데 요즘 환경 정리 심사가 있어 10일가량 눈코 뜰 새 없이 지냈습니다. 잘했다고 칭찬받았지만, 등수 안에 못 들어 섭섭하기만 합니다. 너무 화려했다나요? 다음 주부터 가정방문이 있어 약 일주일을 또 피곤하게 보내야 할 것 같습니다.

환경 정리하느라 정신없이 뛰어다닐 때는 잘 몰랐는데 조금 한가해지니 당신 생각이 간절히 나는군요. 봄이 되어선지 더 허전하고 쓸쓸한 마음이 새삼스레 당신에 대한 그리움을 불러오나 봅니다.

그제 시골로 다시 내려가는 정자에게 차비에 쓰라고 용돈 주었습니다. 경숙 아가씨 옷도 맞춰 주었구요. 복자는 말한 대로 취직해 집을 나갔고 경제 씨는 18일 시험 보고 벌교 여자랑 시골집으로 내려갔습니다. 경제 씨 말로는 약혼한 사이라는군요.

각자가 목적지를 향해 떠나자, 사람들로 북적이던 집안이 갑자기 휑해졌습니다. 그래서 그럴까요? 왜 이리 방이 크고 넓어 보이죠? 너무 크고 넓어 불안한 마음이 생길 정도입니다. 당신이 곁에 있다면 아무리 크고 넓은 곳이라도 그리 보이지 않을 테지요. 결국 공간이  주는 공허함도 실은 마음의 문제라는 것을 깨닫습니다.

은진네는 큰언니 집 바로 옆에 조그만 집을 장만했는데 주택부금을 부어야 한답니다. 땡님이는 큰언니 집에서 일하기로 했답니다.

우리도 선희가 더 크기 전에 집을 장만해야 할 텐데. 선희는 요즘 부쩍 아빠를 찾으며 나에게 자꾸만 묻는 시늉을 합니다. 그럴 때마다 마음이 짠해진답니다.

여행에서 돌아와 피곤한 몸으로 빨래며 집안 청도 등을 하느라 바삐 움직이는 당신 모습이 눈에 그려집니다. 추운 나라에서 아프면 안 됩니다.

학기가 한가해 마음이 느긋해지면 다른 마음이 생길까 우려됩니다. 물론 당신을 하늘같이 믿고 있지만. 안녕.

1974년 3월 20일

아버지가 아들에게 ⑥

코펜하겐에서 보낸 書信(서신) 잘 받았다.
궁색한 學費(학비)를 아껴서 떠난 白夜(백야)의 땅 北歐紀行(북구기행)!
見聞(견문)을 넓히고 靑春(청춘)을 엔조이하고.
참으로 부럽고 壯(장)한 일이다. 아버지도 가보고 싶구나.
人情(인정)이 깔리고 自由(자유)가 꽃피고 浪漫(낭만)이 뒹구는
스칸디나비아의 거리거리들.
感激(감격)과 感動(감동)으로 힘차게 밟아보고 심호흡도 해보고
했겠구나. 많이 보고 많이 듣고 많이 배워 오려무나.
부디 몸조심하여라. 집안은 걱정 없다.
* 추신: 내 아들아, 잘 있거라. 어머니.

　　　　아버지, 어머니. 1974년 3월 15일

아버지가 아들에게 ⑦

참으로 壯(장)하다. 유럽 全域(전역)을 그야말로 縱橫無盡(종횡무진)이로구나.

나도 너의 案內(안내) 받으면서 그렇게 求景(구경) 다녔으면 얼마나 좋을까 하는 꿈같은 衝動(충동)이 일어나는구나.

交通事故(교통사고) 조심하고 共産 分子(공산 분자)에 주의하고 넓고 또 깊게 보고 들어라.

고국의 남단 우리 故鄕(고향)에는 벌써 보리가 패고 종달새 우니, 봄날도 저물어가고 초여름이 다가오는가 보다.

어머니와 서울에 있다 어제, 내려오는 길에 바로 郵便局(우편국)에 들러 알아보니 마드리드에서 보낸 葉書(엽서)가 와 있더구나. 즉시 서울로 電話(전화) 연락했다.

영래도 1주간 敎育次(교육차) 서울에 와 있더라.

孫 廳長(손 청장)도 만나보고 했다.

집안은 저저히 無故(무고)하니 安心(안심)하고 부디 몸조심하여라.

어머니와 함께 아버지. 1974년 4월 27일

52
개미 한 마리도

날씨가 또 추워졌습니다. 갑자기 비바람이 몰아치더니 눈보라가 휘날립니다. 좀 따뜻해지나 싶으면 이렇게 심술을 부리는 것이 요즘 날씨입니다. 기온도 영하 5도를 가리키고 있군요. 만약 사람이 봄을 닮아 변덕을 부린다면 주변에 있는 사람이 얼마나 힘들까요.

어제 선희를 병원에 데려가 소아마비 추가 접종하고 왔습니다. 겨울 동안 감기 한 번 걸리지 않았으나 이런 아이일수록 건강관리를 더 잘해 줘야 하지 않을까요.

병원에 다녀오면서 이강용 씨 가게도 들렀지요. 그런데 최 군은 살이 많이 찐 데다 임신 5개월이라 더욱 둔해 보이더군요. 강용 씨도 배가 많이 나와 관리가 필요하다 싶었습니다. 용섭 씨도 둘째 아이를 가졌다는 소식입니다. 정재무 씨는 처가로 들어가 살기로 했답니다. 장인께서 건축업을 하므로 이래저래 해서 집 한 채 장만해 줄 거라 합니다.

나도 부모님만 계셨더라면 더 큰 것도 해 주셨을 텐데 그저 당신께 미안할 뿐입니다. 물론 당신은 그조차 거절할 성격이지만.

대신 내가 돈을 벌고 있으니, 그것으로 위안 삼으십시오.

요즘 학교생활 재미있습니까. 이제 친구도 제법 사귀었을 것 같은데 틈틈이 재미있는 시간도 가지십시오. 다만 혼자 지낸다고 행여 단 1분 1초라도 마음의 여장을 풀어 개미 한 마리도 가슴속에 기어들게 해선 아니 되옵니다.

오직 공부에만 열중하여 당신만의 지식과 경험의 자산을 높고 단단히 쌓도록 하십시오. 결코 하늘 같은 당신을 의심하는 건 아닙니다만 그래도 여자이기에 쓸데없는 걱정이 일어나는군요.

바람이 너무 심하게 불어와 창문이 덜컹거려 조금 무섭기까지 합니다. 그래도 오늘 밤 나와 선희는 당신의 따스한 마음을 가슴에 품고 편안히 잠들겠습니다. 안녕.

1974년 3월 21일

ROMA -
  Foro Romano -
    Sommità della - Sacra Via - e Arco di Tito
  Forum Romain -
    Sommité de la - Voie Sacrée - et Arc de Titus
  Roman Forum -
    Top of the - Holy Road - and Arch of Titus
  Forum Romanum -
    Der Höhenpunkt des - Heiger Weg - und Triumphbogen Titus

여보: 여기 옛의 영광이 이렇게
흩어진 조각들 — 돌기둥 몇 허물어진
벽들 각 사이엔 잡초만이 우거진뿐……
정靜한 기운으로 달려 있는
하나라도 더 보려고. 비가오는데도
우산도 없이 Rome 시내를 돌고
있을 뿐. ~후루~ 닭을 시간도
없구려. 오늘 왠 갑자기 당신과
선희가 보고 싶구려. X. 12. 호 AB

from
Rome
(Air mail)

120-03.
박 지 혜 귀하

서대문, 응암동 516-8.
Seoul Korea.

로마 여행 중 보낸 엽서

53
선희가 감기에 걸렸습니다

여보!

보고 싶어 미칠 것 같아 당신을 불러봅니다.

오늘은 웬일일까요. 유난히 밀려오는 그리움에 어찌할 바를 모르겠습니다. 당신도 내 마음 이해 하시겠지요?

어제 큰언니가 와서 함께 은진네 집에 갔었습니다.
가보니 큰올케가 와 있더군요.

올케로부터 소식 들었습니다. 지난번 결혼한 영우는 보름 후 애 아빠가 되고, 영우 아래 성민이는 군대에 갔는데 자대 배치를 앞두고 있다고 합니다. 올케가 갑자기 서울에 올라 온 이유는 성민이를 육본에 넣으려고 운동을 하러 온 눈치였습니다. 올케는 영우가 빈둥빈둥 놀고 있어 취직시켜야겠다고 말하면서도 그리 절실한 것 같진 않았습니다.

역시 돈 많은 집이라 생각하는 것이 우리와 다르다고 느꼈습니다. 오늘 큰언니와 은진네 나, 이렇게 셋이 사촌 언니의 딸 집을 들렀습니다.

나로선 조카 집인데 그 조카의 자녀들이 나를 할머니로 부른다고 해서 깜짝 놀랐습니다. 아무튼 그 조카는 참 잘 살더군요. 남편 봉급이 당신 봉급의 열 배 이상 된다는 것을, 눈치로 알고선 입이 떡 벌어졌답니다. 그래도 기가 죽진 않았습니다. 나에겐 꿈이 있고 또 가능성이 무한한 당신이 있으니까요.

집에 와 보니 왠지 우리 집이 초라해 보였습니다. 하지만 찬찬히 들여다보니 우리 집 물건들이 조카 집에 있는 것보다 훨씬 사랑스럽고 귀여웠습니다. 우리가 하나둘 정성껏 마련한 것들이니까요.

당신의 귀여운 선희가 요즘 유행한다는 알레르기성 감기에 걸리고 말았습니다. 겨우내 감기 한 번 걸리지 않은 건강한 아이였는데 봄바람에 날리는 꽃가루 때문인 것 같습니다. 선희가 아프면 안 되는데, 죄송합니다. 아이 하나 건사 못해 감기에 걸리게 해서. 그렇다고 끙끙 앓고 누워있진 않습니다.

당신의 아내는 요즘 당신이 없어선지 주위에서 대학생처럼 돼간다고 한답니다. 나이가 어려 보인다나요? 그렇다고 공연한 걱정 하지 마시와요. 그저 공부만 열심히 하십시오. 안녕.

1974년 3월 25일

54
누님 편지 받았습니다

당신의 41번째 편지 잘 받았습니다. 당신께 칭찬을 듣고 나니 외려 부끄럽습니다. 당신이 곁에 계신다면 더 잘해 드릴 수 있는데 그럴 수 없다는 게 안타까울 뿐입니다.

누님께서 편지가 왔는데 어머니 병명은 관절염이랍니다. 아마도 가사와 농사에 무리하셔서 그리되신 것 같습니다. 관절염 치료는 약을 쓰기에 앞서 무리하게 몸을 쓰지 않는 것이 우선일 텐데 눈앞에 일을 두고선 잠자코 앉아 계시는 분이 아니라 염려가 되는군요. 당신도 어머니께 편지 쓰십시오. 제발 무리하지 마시라고.

막내 도령은 공부가 좀 뒤처지나 봅니다. 열심히 하여 아무 대학이라도 의대에만 들어가면 좋을 텐데, 응원하겠습니다.

오늘 교실에서 학생들 키가 닿지 않은 높은 곳의 유리창을 닦는데 그만 빈혈 증세가 일어났습니다. 내일이 종합감사라고 다그치는 교감의 명령에 약간 무리했더니 그리된 것 같습니다.

얼른 집에 돌아와 쉬자 괜찮아졌습니다만 내일도 새벽같이 뛰어나갈 것을 생각하면 걱정스럽습니다. 이번 학년은 내 힘껏 일하고 싶었는데 몸이 말을 잘 듣지 않는군요.

봄은 왔지만, 마음은 왠지 허전합니다. 겨울보다 밝고 길어진 낮이 당신에 대한 그리움을 더 불러오나 봅니다.

선희는 오늘도 변함없이 예쁘고 사랑스런 모습 그대로입니다. 고추장은 받아보셨는지요. 배편이라 오래 걸린다고 했습니다.

안녕.

1974년 3월 26일

55
어머님은 김치, 복래누님은 굴!

날씨가 완연히 풀리고 어머님께서 많이, 좋아지셨다는 반가운 소식 들었습니다. 얼마 동안 보행조차 어려웠던 상태에서 벗어나 이젠 자유로이 활동하신답니다. 제가 보낸 용돈도 요긴하게 잘 썼다고 물건 떼러 온 정자가 전해주었습니다.

옆에서 선희가 어찌나 참견하고 말을 붙이는지 편지지에 찍하고 줄이 그어졌으니 양해하십시오.

정자 편에 김치와 굴이 올라왔습니다. 김치는 어머니께서, 굴은 복래 누님께서 보내 주셨습니다. 어머니께선 봄날 입맛 떨어지기 쉽다고 새 김치를, 누님께선 지난 설에 굴이 맛있다고 한 내 말을 잊지 않고 귀한 굴을 보내신 것입니다. 김치와 굴을 눈앞에 두니 얼마나 감격스럽던지. 그렇지만 마음 한편 불안한 생각이 일어납니다.

이토록 잘해 주시는 시댁 식구들께 영원히 잘해 드려야 할 텐데. 하긴 내 마음이 변할 리가 있겠습니까만 살다 보면 뜻하지 않는 오해가 생겨 틈이 벌어지는 경우가 있는 법, 늘 한결같은 마음을 갖자고 다짐해 보았습니다.

그러잖아도 정자 편에 어머니께 한약을 한 재 지어 보내려 했는데 우선 봄 스웨터를 하나 사서 보냈습니다. 정자는 요전에 올라왔을 때 봄옷을 사다 팔아 이문을 남긴 모양입니다. 이번에도 아동복과 어른 옷 약 5만 원어치 떼어 내려갔습니다.

요즘은 어찌 지내십니까. 이제 그쪽의 언어와 지리도 제법 익숙해지셨겠지요. 공부도, 그 밖의 지식도 많이 늘어났으리라 생각합니다. 변함없는 나날이지만 그 속에서 나의 진정한 삶과 보람을 찾고 내일을 향해 달려가는 것이 삶이고 인생이라 생각합니다.

요 며칠 교장으로부터 연거푸 칭찬받고 어린아이처럼 좋아했습니다. 학생들 대신 높은 곳에 올라가 유리창을 닦다 빈혈 증세까지 겪은 보람이 있군요.

어쨌든 머지않아 당신이 돌아오면 당차고 굳건한 나로 변모해 있을 겁니다. 시부모님껜 믿음직한 며느리로 교장에겐 유능한 교사로.

밤이 깊었지만, 선희는 공부한답시고 동그라미를 그리며 놀고 있습니다. 당신의 무고함과 건강을 다시 빕니다. 안녕히.

1974년 3월 28일

56
요즘 병원에 다닙니다

당신의 44번째 편지 닷새 전에 받았습니다. 건강하시다니 마음이 놓이고 기쁩니다.

어머니께서 다 나으셨다는 소식 또 들었습니다. 걱정 아니 하셔도 될 듯합니다. 하지만 요즘 내가 아픕니다. 계속 병원 신세 지는 중입니다.

하루에 병원비가 2,000원씩이나 들어가는데 앞으로 얼마나 계속 다녀야 할지 걱정스럽습니다. 물가는 하루가 다르게 뛰어오르는데 병원비까지. 그래도 그날그날 웃으며 잘살고 있답니다. 학교에 가면 학생들 가르치고 집에 오면 선희 보살피고. 비록 단순하게 반복되는 일일지라도 당신을 기다리는 희망이 있기에 오늘도 힘내서 생활하고 있습니다.

당신도 점점 익숙해지는 학교생활이라지만 때로는 감당키 어려운 고뇌와 갈등이 닥칠 수 있다고 봅니다. 겉으로 보기엔 단단해 보이지만 속으론 연약하기만 한 당신의 마음을 잘 알기에 내심 걱정도 됩니다. 당신은 털어놓고 싶은 고민이 있을지라도 나의 걱정을 염려해 틀림없이 속으로만 삼킬 사람이란 걸 잘 압니다. 그래도 아내가 누구입니까? 털어놓을 고민 있으면 얼마든지 털어놓으십시오.

벌써 4월, 아니 이제 4월입니다.

뉴스에선 창경원 꽃소식을 전하면서 정말로 봄이 왔다고 야단입니다. 때맞춰 방안에 놓아두었던 화분을 모두 밖에 내놓았습니다. 맑고 훈훈한 4월의 공기 흠뻑 마시고 어서 꽃을 피우면 좋겠습니다.

네덜란드는 그 유명한 튤립으로 온 나라가 꽃으로 가득한 정원이라고 들었습니다. 나는 평소 오렌지꽃 향기가 바람에 날리는 지중해 거리를 당신과 함께 걸어보는 것이 소원이랍니다. 그 길을 당신과 함께 걷는다면 말하지 않아도 서로의 마음이 통할 것만 같습니다.

귀엽기만 한 당신의 선희가 곤히 잠들었습니다.

우리 집 전화는 도대체 어찌 된 것인지 궁금합니다. 처음 설비비를 냈을 때 그 돈이 누구 돈이었나요? 당신 돈? 아님, 누님 돈? 그리고 전화의 소유자는 누구입니까. 도무지 헷갈리고 내가 꼭 속는 것만 같습니다. 어찌 된 일인지 자초지종을 소상하게 말씀해 주십시오. 며느리도 같은 집안 식구인데 당신이 나를 속이려 드는 것 같아 속상합니다.

1974년 4월 2일

57
간절한 마음

어제 당신의 43번째 편지 잘 받아보았습니다. 읽고 또 읽고, 이렇게도 해석하고 저렇게도 해석하며 나 자신을 위로하고 우리가 함께 보낸 시간을 되돌아보았습니다.

연애, 역시 청춘 남녀의 가슴을 뛰게 하는데 이만한 것이 또 있으랴 싶습니다. 애타는 정열에 불을 지피는 연애에서 가장 간절한 마음이 그리움이라고 생각합니다. 그리움이란 애타는 마음의 다른 표현입니다. 얼굴 보고 싶고, 목소리 듣고 싶고, 손을 잡고 싶지만, 보이거나 들리거나 만질 수 없는 간절함. 실체는 있으나 다가설 수 없기에 애만 타는 것. 그러므로 그리움 속에서의 대상은 항상 부재하며 지금 우리 사이도 이와 마찬가지라고 할 수 있겠죠.

네덜란드에서도 물가가 천정부지로 치솟고 있다지요? 혹시 최저생활만 영위하고 있는 건 아닌지요. 그래도 춥지 않게 감기 들지 않게 몸 축나지 않게 지내십시오. 소탈한 것 같으면서도 은근히 까다로운 당신의 식성을 잘 알기에 내심 걱정이 되옵니다.

고추장은 받았는지요.

혹시 상하거나 밖으로 흘러내리진 않았는지요.

벌써 4월, 공무원 출근 시간이 30분 빨라지고 퇴근은 30분 늦어지는 시기가 돌아왔군요. 일과 시간은 늘어나면서 봉급은 그대로인 나라 형편이 불만스럽지만 어쩌겠습니까. 경제 환경이 좋아야 밝은 사회가 만들어지고 그래야 국민이 아무 걱정 없이 살 수 있을 텐데 매일 불안한 소식만 들리니 안타깝습니다.

당신의 선희가 이제 장난감 사용법도 안답니다. 으레 밤이 되면 엄마 이불 속으로 들어와 잠을 자려고 합니다.

나는 요즘 계속 병원 주사를 맞고 있습니다. 주사를 너무 많이 맞아 바늘 꽂는 부위에 통증이 올 정도랍니다. 언제까지 다녀야 할지 걱정이 많습니다. 죄송합니다. 걱정하게 해서. 안녕.

1974년 4월 4일

58
치료가 더 필요합니다

여보!

이 편지가 좀 늦다 싶지요? 사진을 찍어 보내려고 하루 늦추었는데 사진에 떨림이 있고, 인상 쓴 모습이어서 도저히 보낼 수가 없더군요. 덩달아 편지까지 늦어 죄송합니다.

당신의 45번 편지는 이제 받았습니다.
어떻게 된 건지 44→43, 46→45 순으로 왔습니다.

요즘도 병원 다니며 치료받고 있습니다. 어제부터 혈관주사는 맞지 않고 엉덩이에만 두 대씩 맞는답니다. 옆구리 부근은 X-레이가 있는 병원을 찾아가 촬영한 다음 그 결과를 가져오라고 하더군요. 또 냉이 심하여 하혈이 있고 자궁에 염증이 있답니다. 지금까지 열흘간 다녔는데 너무 심해서 더 치료가 필요합니다. 괴롭습니다.

그러나 당신 너무 걱정하지 마십시오. 몸이 약한 여자들에게 흔히 있는 병이고 중병이 아니니 금방 나을 겁니다. 멀리 계시는 당신께 좋은 소식 전하지 못하고 아프다는 소식 전해 송구합니다.

서울은 또다시 물가가 올랐습니다. 13퍼센트, 심지어 22퍼센트까지 오른 품목이 있을 정도랍니다. 네덜란드에서의 당신 생활도 은근히 걱정되는군요. 요즘 내 병 치료에 상당한 돈이 들어가 언니한테 돈을 약간 빌려 쓰기도 했습니다. 그러나 걱정은 마십시오. 다 감당할 수 있는 액수니까요.

요즘 어머니와 누님께서 보낸 김치와 굴, 낙지 조기 등 해산물 덕분에 우리 집 식탁이 갑자기 풍성해졌습니다. 두 분 은혜를 어찌 갚아야 할지.

애숙이가 토요일 맹님이를 데려다주고 화요일 아침에 올라왔습니다. 대신 경숙 아가씨가 하루 결석을 하고 선희를 돌봐 주었습니다. 경숙 아가씨는 나의 손발처럼 일을 거들어줍니다. 모든 식구가 나를 극진히 위해주어 겁이 날 정도로 행복합니다.

오늘도 선희는 예쁘게 잘 놀았답니다. 안녕.

1974년 4월 10일

59
드디어 전화 가설

당신이 여행하면서 보낸 엽서 석 장 잘 받았습니다. 속 좁은 여인의 마음에 심통이 일어나려 하는군요. 그러나 얼른 마음을 추스르고 엽서를 다시 읽고 또 읽었습니다. 아마도 요즘 병원에 치료하러 다니느라 몸이 약해져 공연히 심통이 일어났나 봅니다. 어쨌든 4월은 저에게 지루하고 힘든 달입니다.

생활비를 아낄 수 있는 한 최대한 아껴 세간살이를 장만했습니다. 며칠 전 냉장고형 쌀통과 베이비 옷장을 샀습니다. 그렇게 걱정했던 전화 설비비를 완납하고 취득세도 냈습니다. 스스로 생각해도 대견합니다. 이런 일을 하나하나 해결하며 재미도 느낍니다. 다만 예상치 못한 병원 치료 때문에, 언니에게 약간의 빚을 진 게 마음에 걸립니다. 나는 내 몸이 작아선지 큰 것보다 작은 것을 성취했을 때 기쁨이 더하답니다.

어제 드디어 우리 집에 전화가 가설됐습니다. 수업하다 시간에 맞춰 집에 달려와 전화 설치하는 모습을 지켜보았습니다. 지금은 교환이지만 얼마간 사용하면 교환 번호가 없어지고 직통으로 연결된답니다.

번호는 ㉟ 2611~5 또는 ㉟ 2021~5, ㉟ 0011~5, ㉟ 0021~5번인데, 이 중에서 어느 하나의 번호로 전화를 걸어 교환이 나오면 6246번 대달라고 하면 됩니다. 그러면 "네"하고 정중히 대답하는 숙녀가 나오는데 그녀가 바로 나입니다. 전화 가설한 분께 감사의 표시로 2,000원을 주었습니다.

여보! 생각할수록 내가 어린아이 같습니다. 조금만 좋아도 날뛰고 그렇지 않으면 풀이 죽고. 아마도 아직 인내심이 부족한가 봅니다. 건강하십시오. 안녕.

당신의 둘도 없는 아내가

1974년 4월 12일

60
언제나 당신 소식 궁금합니다

꽃이 집니다. 왔다가 가고, 갔다가 돌아오는 자연의 순환계에서 꽃도 사람처럼 왔던 길로 돌아갑니다. 꽃이 돌아가는 것을 우리는 진다고 말합니다. 자연은 언제나 이렇게 멈추지 않고 흐릅니다.

여행 끝났습니까. 아니면 계속 중입니까. 혼자 하십니까 동료와 같이하십니까. 낯선 곳에서 말도 잘 통하지 않은 곳을 여행하다 보면 애로가 많을 텐데 그것을 어떻게 해결하고 다니는지 궁금할 따름입니다. 스위스와 오스트리아도 가신다면서요. 직접 보니 정말로 아름답습니까. 묻는 것이 도리어 어색하군요.

당신께 8일 만에 쓰는 편지라 왠지 생소하단 느낌이 듭니다. 오늘은 학교 개교기념일, 하지만 여교사 회의가 예정돼 있어 학교에 가야 했는데 몸이 부어올라 쉬기로 했습니다.

보름이 넘도록 병원에 다녔지만, 아무 차도가 없습니다. 그렇다고 내 성격상 그대로 누워 쉴 수도 없고. 이제 병원 가는 것을 그만두고 한약을 먹어볼까 합니다.

이럴 땐 약보다 당신의 편지가 더 효험이 있을 것 같습니다. 그러니 편지 더 자주 보내 주세요. 정 쓸 말이 없다면 "무사하오"란 단 한마디도 좋습니다. 이 한 문장만이라도 날마다 받고 싶습니다.

전에 말한 대로 은진네는 집을 줄여 북가좌동으로 이사했습니다. 직접 가서 보니 전에 살던 역촌동 집보다 오히려 아담하고 살기 좋은 집인 듯했습니다. 이사하고 약 80~100만 원 정도 남았다는데 남은 돈은 올케에게 주어 은행에 넣어 두기로 했답니다. 오히려 잘 되었죠.

목포 오빠네 식구 중 누가(아마 막내아들 - 일고 3학년 같음) 많이 다쳤다는 소식 들었습니다. 오빠 병원이 아닌 다른 종합병원에 입원해 있다고 합니다. 아직 이만큼밖에 모릅니다. 아무래도 목포에 내려갔다 와야 할 것 같습니다.

어머님께선 자주 올라오는 정자 편에 김치와 해산물을 열심히 보내 주십니다. 덕분에 요즘 힘 안 들이고 반찬을 해결하고 있습니다.

당신의 편지가 뜸하면 할수록 집안일은 물론이고 학교 일도 손에 잡히지 않으니 한 마디라도 적어 자주 보내 주십시오.

건강과 무사를 빕니다.

1974년 4월 18일

61
철홍이의 교통사고

무고하시지요? 열흘째 당신 소식이 없고 보니 마음이 심히 불안하여 잠조차 아니 옵니다. 여보! 당신과 주변에 아무 사고 없는 것이지요? 이 불안을 어찌해야 하는지요. 철홍이가 큰 사고를 당해 지금 광주 병원에 누워있답니다. 마른하늘에 이런 날벼락이 어디 있답니까.

지난 토요일, 철홍이가 수업을 끝내고 목포 집에 오기 위해 건널목에 서 있었는데, 브레이크가 고장 난 고속버스가 덮쳤다는군요. 철홍이는 지금 하체가 완전히 망가지고 척추까지 마비된 상태랍니다. 평생 장애를 안고 살아야 한다니 세상에 이런 불행이 어디 있습니까.

불행한 소식에 당신마저 편지가 없으니 불안하기만 합니다. 철홍이는 광주 전대병원에 입원해 있답니다. 이번 일요일(21일) 새벽차로 광주로 문병 갔다가 밤차로 올라올 계획입니다.

여보!

여행은 잘 마치고 고추장도 잘 받았습니까. 당신 주변에 정말로 아무 일도 없는 거지요? 너무나 엄청난 일을 당한 철홍이를 생각하면 숨쉬기조차 어렵습니다.

엊저녁, 여수 영래 도령께서 시외전화가 왔었고 그제는 시골집과 울산에 전화했습니다. 하루 동안 전화벨이 울리지 않아 혹시 고장 난 것 아니냐고 교환에게 물어보기까지 했습니다.

편지지 군데군데 낙서가 돼 있는데, 동그라미를 쳐 놓았습니다. 모두 당신의 사랑하는 딸 선희 작품입니다. 그러니 이 편지는 나와 선희가 함께 쓴 것이라 생각하고 특별한 마음으로 읽어 보기 바랍니다. 무사 건강 하시길 각별히 부탁합니다. 안녕.

1974년 4월 20일

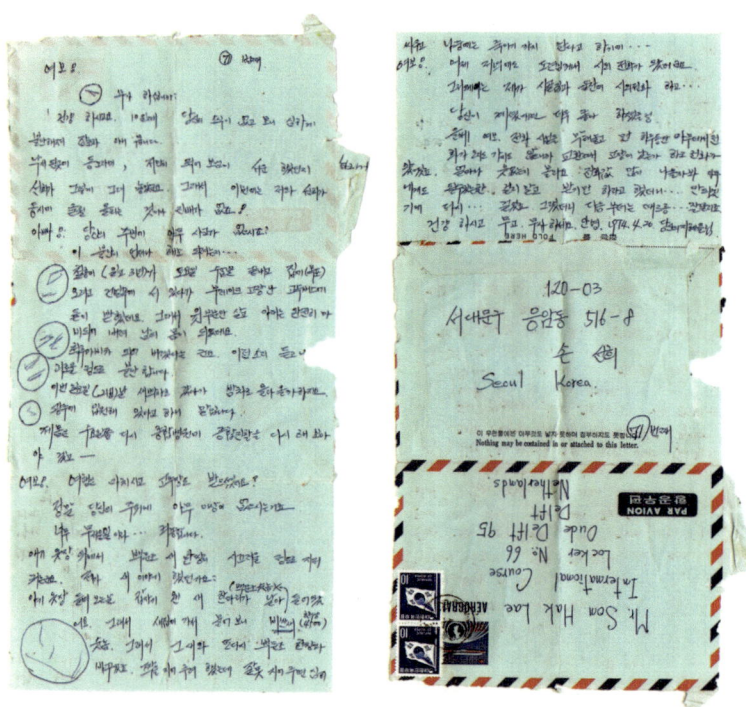

편지지 군데군데 낙서가 돼 있는 동그라미

62
철홍이가 가엾네요

오늘로 10일째 당신 소식 없이 또 하루가 지나갔습니다.
왜 무엇 때문에 이리 소식이 없는 것입니까.

어제 아침에 은진 아빠, 진우, 나 이렇게 셋이 철홍이 문병 다녀왔습니다. 철홍이를 본 순간 기가 막혔습니다. 허리와 엉덩이 주변, 척추뼈가 으스러져 하체가 완전히 남의 몸이 돼 있었습니다. 그나마 의식은 있어 우리를 향해 웃어주곤 하더군요. 멀쩡하던 아이가 졸지에 그 무슨 꼴이랍니까.

의사의 진단은 절망적입니다. 평생 장애로 살아야 한다고 했습니다. 그래도 철홍이에게 희망을 주기 위해 있는 말 없는 말 다해 위로해 주었습니다. 누구나 살면서 그런 불행은 당하지 않아야 할 텐데, 당신도 늘 조심하십시오. 불행은 언제나 예고 없이 찾아오니까요.

집에 오니 밤 11시 30분, 도련님과 동서가 와 있더군요. 도련님이 약 10일간 교육을 받기 위해 서울 올라왔다고 합니다. 도련님으로부터 아버님 어머님 모두 잘 계신다는 소식 들었습니다. 동서는 임신 4개월, 부부 모두 몸이 건강해 보였는데 살이 찌진 않았습니다.

도련님은 5월경 인사이동이 있어 서울에 오게 될 것 같다고 하더군요. 아무튼 작은 집 일은 잘돼 간다는 느낌을 받았습니다. 도련님이 말씀하길 오늘 늦게 혹은 내일 아버님 어머님이 우리 집에 도착하실 거랍니다.

아무도 없던 집에 갑자기 식구가 몰려드니 모처럼 사람 사는 집 같은 분위기가 될 것 같습니다. 그러나 예정에 없던 철홍이 문병 때 만 원을 쓰는 등 요즘 지출이 많아 속으로 걱정입니다.

장남의 아내로 모셔보지 못한 부모님을 잠시라도 모시게 됨은 기쁜 일이나, 솔직히 부담되는 것도 사실. 그러나 우리 식구들의 우애를 위해 모든 것을 참고, 견디며 잘해 드리자고 마음먹고 있습니다.

당신 없어도 집에 계시는 동안 맘 편히 쉬실 수 있도록 준비하겠습니다. 결국 이렇게 함으로써 집안에 웃음꽃이 피고 마음속의 재산이 늘어나는 것 아니겠습니까. 하하, 늘 당신께 감사드립니다.

1974년 4월 22일

63
당신 편지 애타게 기다립니다

여보! 대답해 주세요. 오늘로 14일째 무소식입니다.

너무나 걱정이 돼 모든 일이 전혀 손에 잡히지 않습니다. 당신 성격에 이리 오래도록 무소식일 리 없다는 것을 잘 알기에 오늘도 염려 가득한 마음으로 보내고 있습니다. 지난 21일 집에 도착하신 부모님은 오히려 제 걱정을 해주고 계십니다.

당신은 "또 우는군" 하며 대수롭지 않게 생각할지 모르지만, 나는 눈물이 나오려고 합니다. 당신이 집을 떠난 지 6개월, 아무리 외롭고 힘들었어도 사랑하는 당신의 편지에서 위로와 힘을 얻어 마음의 평온을 유지했답니다. 오늘도 당신 소식이 없어 불안불안한 마음을 억누르지 못하지만, 이곳의 소식은 전해야겠기에 펜을 들었습니다.

오늘, 모처럼 서울 올라오신 부모님이기에 돈이건 뭐건 생각지 않고 창경원 다녀오시라고 준비해 드렸습니다.

다시 묻습니다. 여보! 많이 바쁘십니까? 그럴 리는 없겠지만 오스트리아 여행길에 무슨 변이라도 당한 겁니까. 아니면 여행에서 돌아와 몸져누웠습니까. 이것도 저것도 아니면 무슨 엉뚱한 일이라도 터졌습니까.

그게 아니라면 제발 한 글자로 된 편지라도 보내 주세요. 말씀은 안 하지만 부모님, 도련님 내외도 은근히 걱정하십니다.

나의 이런 걱정에 아랑곳하지 않고 당신의 고집둥이 따님은 많은 식구들에 둘러싸여 행복한 시간을 보내고 있답니다.

여보! 당신의 아내가 이토록 애타게 당신의 소식을 기다립니다.

사막에서 오아시스를 찾듯이.

        1974년 4월 24일

64
주머니 속까지 털어주려고 했는데

오늘은 몹시도 기쁜 날, 그렇게도 애타게 기다리던 당신의 편지가 한꺼번에 세 통이나 왔습니다. 날짜를 보니 4월 9일과 17일 18일에 부친 거였습니다. 건강하고 무사하시다니 반갑기 그지없습니다.

여행은 재미있게 그리고 많이 하셨는지요. 여행 중 피곤이 겹치면 생각지도 않는 병이 찾아오는 법이니 항상 건강 유의하시고 무엇보다 음식에 신경 쓰기 바랍니다.

어제 부모님께서 내려가셨습니다. 가실 때 두 분의 속 내의 사드리고 점심값 챙겨 드리는 등등 제가 할 수 있는 모든 정성 다 쏟았습니다. 아버님께서 "내가 주머니 속까지 털어주고 가려 했더니 도리어 반대가 되었군." 하시면서 좋아하시더군요. 그 말씀을 들으며 제가 더 기뻤습니다. 부모님께서는 미안할 정도로 제게 너무 잘 해주시는 것 같습니다.

아버님께 당신 답장이 없다고 걱정을 좀 하였더니 속으로 염려를 많이 하셨던 모양입니다. 어제 시골에 도착 즉시 우체국에 먼저 들러 당신 편지가 왔음을 확인하시고 걱정 말라는 말씀을 하시기 위해 밤늦게 시외전화를 하셨더군요.

이렇게까지 신경 써 주시는 부모님께 무어라 감사의 말씀을 드려야 할지 모르겠습니다. 부모님 계실 때 우리 선희가 한창 신이 났었습니다. 할아버지가 업어주고 안아주고 밖에 데리고 나가서 산보도 하니 얼마나 좋았겠습니까. 할아버지와 헤어지고 종일 풀이 죽어 있었답니다.

당신 귀국하면 우리도 선희 데리고 창경원 구경 갑시다. 이번에 식구들 때문에 고생한 애숙이도 함께요. 애숙이는 창경원 구경하는 게 소원이랍니다.

이번 당신 봉급 때 직원들이 돈을 걷었는지 만원을 추가로 갖다 줘 요긴하게 잘 썼습니다.

그동안 그렇게도 걱정되던 교내 연구수업 무사히 잘 마치고 잘했다는 평가도 받았습니다. 세련된 수업이었다나요. 아무튼 어제는 좋기만 한 날이었습니다.

여보! 난 당신이 무척 좋습니다. 어떻게 표현할 수 없을 정도로요. 오늘따라 연애하던 시절로 돌아간 듯 가슴이 또 뛰는군요.

1974년 4월 27일

65
기다림 속의 기쁨

당신의 편지 세 통을 한꺼번에 받고 보니 그동안 공연히 애를 태웠구나 하고 반성하게 됩니다. 멀리서 오는 항공우편이라 좀 늦을 수도 있다는 생각을 안 한 것은 아니지만 솔직히 그리 늦을 줄은 몰랐습니다.

오늘은 교내 월말고사 치르는 날, 우리 반 아이들이 시험을 잘 치러 1등 하길 바라는 마음으로 등교했습니다. 다른 교사들 말대로 당신이 없으니까 학생들 지도에 더 열정을 쏟았지만 모든 학생이 내 뜻대로 따라오진 않더군요. 실력이 부족하거나 정성이 부족하거나 아님, 둘 다 부족하기 때문이겠지요. 남은 기간 온통 견학이라니 좋겠습니다. 그러나 견학도 공부의 한 과정이라고 생각합니다. 어쩌면 이미 배운 것을 또다시 복습하고 익히는 과정 아닐까요?

당신과 나는 오직 사랑이란 이름으로 얽혀진 부부, 사랑이란 애정을 가진 사람들의 가슴에 몽글몽글 피어난 한 송이 꽃 같은 것 아닐까요. 꽃이 있어 향기가 있고 그 향기가 서로의 마음과 영혼을 붙들어 하나 됨을 이루니 고통 속에도 환희가 있고 기다림 속에서도 기쁨이 솟는 것이겠지요.

언제나 당신을 향한 따뜻한 마음 아끼지 말자고 다짐해 봅니다. 비가 오려는지 바람이 불고 하늘은 잔뜩 흐려있습니다. 이왕 비가 오려면 천둥 번개가 치고 앞이 보이지 않을 만큼 세차게 쏟아지면 좋겠습니다.

그제(일요일) 유진산 씨가 돌아가셨습니다. 세상에 태어나 죽지 않는 사람이 없지만, 유명 정치인의 부음을 들으니 참 허무하다 싶습니다.
귀여운 우리 선희를 물끄러미 바라봅니다. 요즘 선희에게 내 삶의 전부를 걸고 있는 것 같습니다.

1974년 4월 30일

델프트 하숙집에서

새벽녘 빗소리에
잠이 들면.....
비끔이 굵어지고....

비속을 따라
외곰한 어딘가 달려가면
한없는 비에 멜로디.
벨기-.
　　　7. 17.

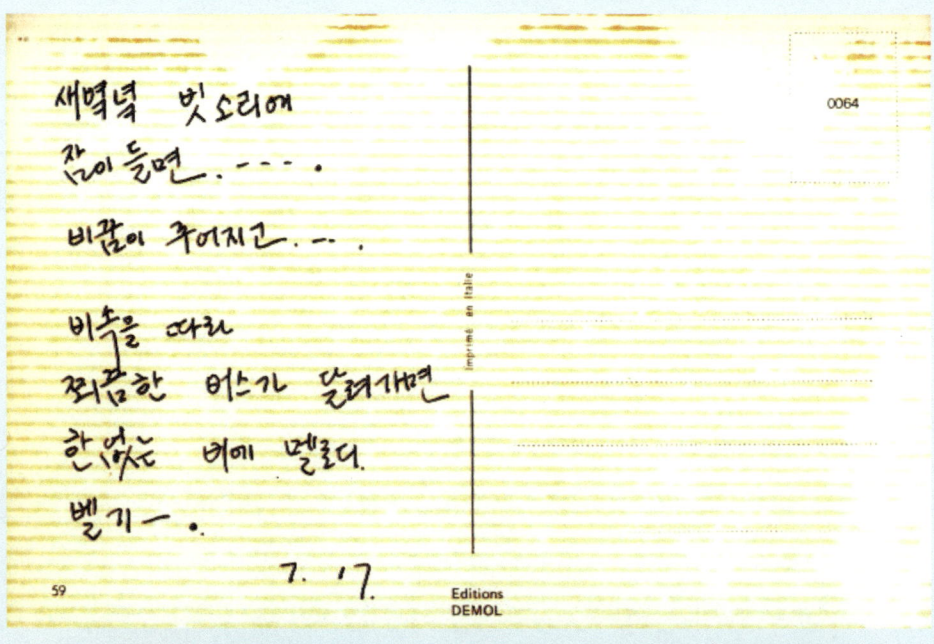

ANTWERPEN

경숙 편지 ②

오빠!
그간이라도 안녕하세요.
전 학업에 충실하며 잘 있습니다. 이곳은 봄도 거의 지나갔나 봅니다.
거리에는 반팔옷 입은 아가씨들이 자주 눈에 띕니다.
언니 편지 통해 소식 들으셨겠지만 얼마 전에 엄마, 아버지 서울에 오셨답니다. 작은오빠랑 올케도 서울에 왔구요.
엄마랑 아버지는 며느리 혼자 있으니까 염려돼 잘 있나 살펴볼 겸 오셨는데 창경원 벚꽃 놀이에도 가셔서 놀다 오시고 했답니다.
숙희 언니 형부는 혼자 전북 이리로 내려가셨습니다.
회사를 옮기셨다고 합니다.
5월 2일 벌교 대중 오빠 결혼식이 있었습니다.
오빠의 예쁜 그림엽서 자주 받고 싶어요. 안녕히 계세요.

경숙 1974년 5월 4일

66
어서 돌아오세요

사진 보냅니다. 봉투가 작아 선희랑 둘이 찍은 사진은 가위로 양쪽을 잘랐습니다. 그동안 건강하셨습니까. 나도 그사이 몸이 많이 회복됐습니다. 당신은 여전히 견학 중이십니까? 많이 보고 배우십시오.

엊저녁 이강용 씨에게서 전화가 왔습니다. 최 군이 배가 불러오는 데다 힘이 들어 식품점을 그만두었답니다. 그 대신 연신내(갈현동 너머 임 씨 사는 곳)에다 '강남 다실'이란 다방을 차린다는군요. 13일 개업하는데 나더러 참석해 달라고 했습니다. 그날 당신 친구들도 모두 모인답니다.

방학 때 레지로 일하고 싶다고 말했으나 곧바로 퇴짜 맞고 말았습니다. 키가 작고 아기 엄마라서 안된다나요? 물론 농담이긴 했지만, 왠지 섭섭했습니다. 그렇다고 막상 써준대도 못할 거면서 말입니다.

식품점 운영이 힘들어 그만두었다지만 다방 운영도 만만치 않을 겁니다. 나는 당신과 같은 공무원이 좋습니다. 부침 없이 안정된 생활을 할 수 있으니까요.

당신!

언제쯤 볼 수 있을까요. 보고 싶어 죽겠습니다. 시나브로 흐르는 시간 때문에 지루하고 따분하기만 합니다. 그래도 아침이 되면 일어나기 싫어도 억지로 일어나게 하는 힘은 당신을 기다리는 날 하루가 줄어들기 때문입니다.

어서 빨리 돌아오세요. 돌아와 잉꼬처럼 알콩달콩 재미있게 살게요. 설마 당신은 지긋지긋? 하하. 건강 빕니다. 안녕.

1974년 5월 4일

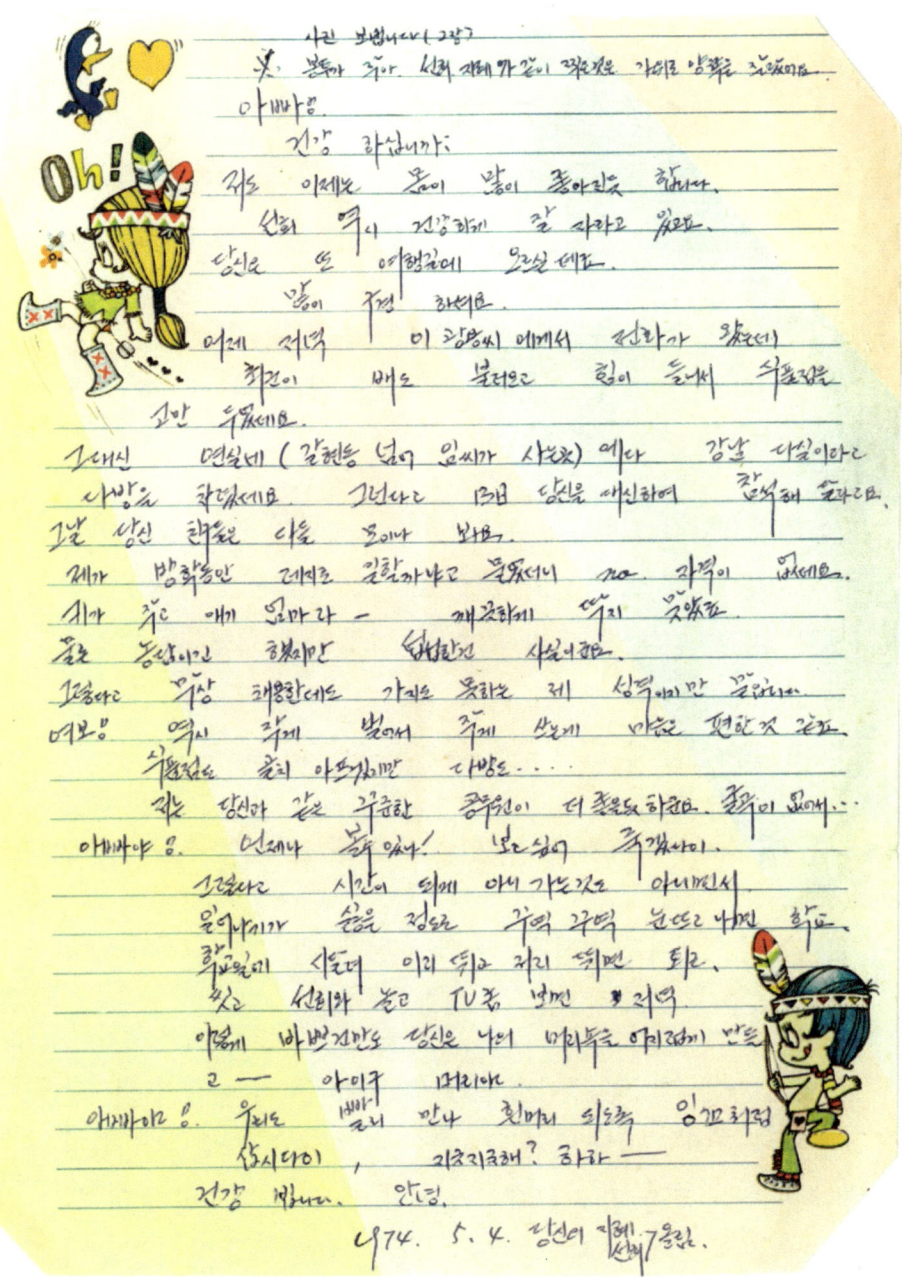

사진 보냅니다! 그림?

꽃, 봉아 과아, 선희 재혜 까꿍이 짝꿍것은 가게로 양쪽은 갔었어요.
아빠용.
　　　건강 하십니까.
저도 이제는 몸이 많이 좋아지는 합니다.
　　선희 극시 건강하게 잘 자라고 있고요.
당신은 또 여행길에 오실 테죠.
　　많이 조심 하세요.
어제 저녁 이 김영씨 에게서 전화가 왔는데
　　희전이 버스 불러오 힘이 들어서 수요일는
고만 두겠대요.
그래서 연실네 (김현종 님의 임씨가 사방것) 에다 강날 다섯이라고
나방을 착겠세요. 그러나 13월 당신을 대신하여 참석해 준다고.
그날 당신 택했든 다음 도아나 봐요.
제가 방학동안 레제를 김학카보고 물었더니 no 자격이 없데요.
제가 쿠는 애게 엄마라 ─ 깨끗하게 뜩지 못했죠.
좋은 동양이고 허게하만 선경것 사실거죠.
그리나도 무상 해용한데도 가격은 못하는 게 상복에미만 공급하는.
여보응. 역시 착게 벋어서 착게 쓴게 마음 편한것 같죠.
수용점은 유의 아픈점만 다방도....
잘 당신과 같은 구근한 중요이 더 좋은도 하죠. 종독이 많어...
아빠아응. 언제나 봉아 없시! 보고싶어 죽겠아이.
　　그리나도 시간이 될때 아버 가능것도 아버께에서
울어대기가 슬프 정도로 구역 구역 눈물이 나게 하는
학꼬원외 다녹며 이리 뛰고 저리 뛰면 뛰라.
있고 선희와 웅고 TV를 보면 ♥ 리역
이제 바쁜것만도 당신은 나여 바라부는 아리랑게 만도
　그 ─ 아이주 대리아.
아빠아요. 우리도 빼삐 만나 친먹어 되오죽 임고외점
　　　삼시다이, 괴초괴초해? 하라 ─
건강 빕니다. 안녕.
　　　　　　1974. 5. 4. 당신의 지혜. 선희. 7올리.

67
요즘 학교 일이 바쁩니다

여보! 마음속으로만 말고 소리내어 부르고 싶습니다. 무사히 여행 마치고 돌아오셨다니 안심입니다.

고추장이 엉망이 되었다니 송구합니다. 납땜하지 않은 것이 마음이 걸렸는데 결국 그리되고 말았군요. 모두 내 경험 부족입니다. 배에서 차로 몇 차례 옮겨 실을 때 소중하게 다룰 리 없었을 테지요. 내던지거나 함부로 부려 놓거나 하면서 엉망이 될 것이라 짐작했야 했는데 그리 못해 죄송합니다. 그런데 먹을 수는 있습니까? 아무리 배편으로 갔다지만 석 달이나 걸릴지 누가 알았겠습니까.

내 사진이 없어지고 편지봉투가 마구 뜯겨 있었다니 그것도 이상한 일이군요.

내 병에 대해 염려해 주어 고맙습니다. 요즘은 학교 일이 어찌나 바쁜지 학교에 도착한 순간부터 혼이 쏙 빠질 정도랍니다. 환경 정리다 무슨 무슨 잡무다 해서 먼지와 일 속에 파묻혀 눈코 뜰 새 없습니다. 학기 초에 교육장이 야단을 치고 다녀간 다음 벌어진 일입니다. 집에 오면 파김치가 되어 축 늘어지곤 하지요.

요즘 집에 오면 방에만 처박혀 지내곤 합니다. 재작년 선희 가져서 방에만 머물렀고 올해는 당신이 아니 계셔 방에만 틀어박혀 지내고 있으니 방구석 귀신이 돼버린 느낌이 드는군요. 결혼 후 한창 좋은 시절을 이렇게 보내야 한다고 생각하면 때로 짜증이 날 때도 있습니다. 남들처럼 활발한 성격이 아니어서 밖으로 돌아다니는 것도 싫고, 그저 맹꽁이처럼 방안에만 틀어박혀 지내니 그럴 수밖에요.

친구들은 많아졌는지요. 혹시 그중, '이 사람이다' 하는 사람 있습니까? 있다면 말씀해 주세요. 우리 학교 선생님 소개하고 싶어서요. 외국인과 펜팔하고픈 여선생님이 있으니 어려워 마시고 소개해 주세요.

당신은 아내와 선희가 보고 싶지 않습니까. 나는 당신이 너무나 보고 싶어 괴롭습니다. 혼자 신나게 돌아다니지만 말고 자주 편지 써 주시길.

언제 어떤 나라를 또 가게 되는지요. 다니는 도중 무사 건강하십시오. 안녕.

1974년 5월 21일

68
식구들 생일

당신이 무고하시단 소식이 담긴 63, 64번째 편지 잘 읽었습니다.

집안 식구들의 생일을 물어 오실 때마다 적어 보냈는데 어찌하여 또 물어보시는지요. 다시 적어 보내니 잘 기억하고 메모를 해두십시오. 생일은 모두 음력 기준입니다. 어머니 11월 3일, 아버지 8월 29일, 경숙 12월 23일, 영래 2월 2일, 작은오빠 11월 20일, 작은올케 10월 3일, 애숙 10월 30일입니다.

요전에 선희와 함께 찍은 사진 보냈는데 받아보았는지요. 그제는 올봄 들어 가장 기온이 높아 아동들이 제일 즐거워하는 소풍을 다녀오기에 참 좋은 날씨였습니다.

이번 소풍 때 어머니 행사와 더불어 각 학년의 무용과 노래자랑이 있었는데 우리 3학년이 잘했다는 칭찬을 제일 많이 받았습니다. 특히 작년 학부형들까지 가세한 무용은 환호성이 일어날 만큼 호응이 좋았답니다. 소풍 가기 전 내가 각 반의 대표를 불러 가르친 보람이 있었습니다.

이번 소풍 때 들어온 선물은 혼자 다 쓰고 싶지만, 교장·교감에게 인사하려고 마음먹고 있습니다. 공연히 미움받으면 안 되잖아요. 당신도 그분들에게 편지 가끔 보내 주세요.

엊저녁 올케언니가 왔다 갔습니다. 언니가 그러더군요. 당신과 나 둘은 사이좋게 지내는 잉꼬 같다고요. 오빠도 가끔 내 말 꺼낼 때마다 야무지게 살림 잘한다며 좋아한답니다. 올케언니 말에 가슴 뿌듯했습니다. 이럴 때 당신이 곁에 있으면 얼마나 좋겠습니까. 만약 지금 내 곁에 당신이 있다면 당장 마구 어리광 부리며 당신 품속을 파고들었을 겁니다. 내 몸이 폭삭 안기고도 여유로운 당신의 품, 앞으로 얼마를 더 기다려야 실제 안길 수 있을까요.

선희는 보는 사람마다 귀엽고 예쁘다고 칭찬합니다.

※ 당신 편지 중 틀린 글자 너무 많아요.

은진네 주소는 아직 모릅니다. 다음 편지에 알려드릴게요. 안녕.

1974년 5월 10일

69
영래 도령 소식

건강, 무사하시지요? 당신 보고 싶어 병이 났나 봅니다. 요즘 통 입맛이 없어 먹는 것과 거리가 멀어졌습니다. 그런데 좋은 소식. 영래 도령이 서대문 세무서 총무과장으로 발령 나 서울에 이사 오게 되었답니다.

기쁜 마음에 도령께 우리 집 방을 내 줄 테니 함께 있자고 했습니다. 당신이 올 때까지 우리 집에 함께 살면 여러모로 좋을 것 같아 권한 말이었습니다. 그런데 곧바로 싫다는 대답이 돌아오더군요. 도련님보다 동서가 싫어한다는 느낌이 들었습니다. 신촌 부근에 방을 얻겠답니다. 내 호의를 무시한 것 같아 쬐끔 야속했습니다. 빈말이라도 고맙다고 한마디 해주고 거절했으면 좋았을 것을……

요즘 어떻게 보내십니까. 심심치 않게 데이트도 하시며 즐겁게 보내십니까. 그렇지 못하면 바보지요? 그렇지요? 비록 호랑이 같은 마누라가 두 눈 부릅뜨고 지켜볼지라도 당신은 시간을 붙들어 매고 싶을 만치 좋은 시간을 보내고 있을지 모른다는 생각이 듭니다.

이런 상상을 하면 나는 괴롭습니다. 역시 사람은 남자로 태어나고 볼 일입니다.

날씨는 왜 이리 좋기만 합니까. 다른 사람들은 좋아할지 몰라도 나는 차라리 비라도 주룩주룩 내렸으면 좋겠습니다. 하긴 비가 오면 할머니 방 아궁이에서 물이 나오고 천장에 비가 새고 하니 이것도 아니 되겠군요.

경숙 아가씨는 요즘 일찍 귀가합니다. 시험이라 그러는지 몰라도 제 잔소리가 효과를 발휘하는 것 같습니다.

선희는 고집쟁이, 무엇이든 제 마음에 들지 않으면 큰일납니다. 은진네는 오늘쯤 가서 주소 물어보고 다음 편지에 적어 보내겠습니다. 이번 월말고사에 정희가 1등을 했답니다. 누님한테 축하 편지 해주세요. 편지 쓰는 김에 다른 형제들에게도 안부 편지하십시오. 또 부탁하건대 우리 교장·교감에게도.

13일 월요일엔 이강용 씨가 차린 다방에 가볼 생각입니다.

안녕.

1974년 5월 11일

70
이강용 씨의 강남다실

당신의 멋없는 65번째 카드 잘 받았습니다. 암스테르담에서 일주일간 머물겠다고요?

어제 학교 끝나고 이강용 씨가 개업한 다방에 2,000원짜리 화분 한 개 사 들고 갔습니다. 정재무 씨와 김용섭 씨가 먼저 와 있더군요. 다방이 생각보다 무척 컸습니다. 보증금 2백2만 원에 월세가 4만 원이라고 합니다.

최 군은 평소 몸매가 풍만 한데다 뱃속에서 아이가 크고 있음인지 전보다 훨씬 뚱뚱해 보였습니다. 9월에 해산한다고 합니다.

다방에 앉아 이야기를 나누는데 정재무 씨와 김용섭 씨가 서로 집 짓는 이야기로 시간 가는 줄 모르더군요. 어떻게 설계할까. 정원은 어디다 놓고 나무는 어떤 것을 심을까. 서로 의견을 주고받으며 희망에 부풀어 있었습니다. 그 모습을 바라보니 부러운 생각이 들지 않을 수 없었습니다. 우리도 언제 돈을 모아 내 집 장만을 할 수 있을까요.

형님

보내주신 글월 반가이 받았다. 동안 객지 이국에서
몸 건강히 잘 있다니 반갑구나.
최근의 나, 역시 생활에 忠實하려고 노력은
하고 있다만 人間生活이 뜻과 같이 이루어
지지 않는 것 같구나
그리고 5月13日부터의 업무를 봐주었다더라.
박군에게 소식 전해 들으리라 믿고
춘혜의 집 앞에 강남 Tea Room을 인수하여
13日날 개업을 하였단다 그날 오래만에
혜자 강 선기서방, 박군 만나서 모랜만의
회포를 풀고 한바탕 웃으나 반씨
(손월례(?)) 도 아침 일찍 같이 따나 채종을
뛰는 것이 너무 취업구나 보고 싶을께다
빨리 자주놈에 기다려 지겠구나
최근의 몸이 무거워 지고 살호종까지도 너무
肉体的으로 힘이, 박지 효율적으로 들어
장사를 하고 있나 거축 하려 하나 뜻 색해 주었
다가 도게 껄끼 ...
참 명래와 서대문 대주니 춤추러 간으나 5일날
부인 회의 Tea Room 개업 관계 대문에 만나
이야기 같이 못했구나 그리고 김병우 춤추러를 혼 예외
큼날 가셨나 영남쪽에 부인쪽 인 인걸래 각양이
기 인사도 간간족에 계셨던 백영해 씨란 분이
기세한 것을 생각 가 속하고 할 것이나 시집적
몇을 숙이좀 드리라고 못된 했으나 그리고 김병영
받은 동대문 신선동 1546 김영인씨의 죽으
이다 최근의 몸이 약해 건강하고 박군 역시
와의 병 학악생활이 더 예뻐뿐 것드리
그림 만스 그새 회신 바란다 몸 건강을 빈다
강황

이강용 씨 편지

여보! 김용섭 씨가 그러는데 첫딸이 태어날 땐 그렇지 않았는데 둘째까지 딸을 낳고 보니 당황스럽더랍니다. 그 이야기를 듣고 나도 둘째까지 딸을 낳으면 어쩌나 은근히 걱정됐습니다.

그제 일요일 날, 영래 도령이 이사 올지 모른다고 하여 학교 일직까지 바꾸고 기다렸으나 소식이 없었습니다. 기다리다 지쳐 동서 언니네(미아리) 집에 전화해 보았는데 월요일 날 여수에서 출발한다고 하더군요. 다시 월요일이 되어도 아무 소식이 없어 다시 미아리에 연락해 보았습니다. 동대문 광주고속 터미널에 도착했다고 전화가 왔다더군요.

그리고 내 병은 큰 종합병원에 가서 X-레이를 찍고 자세한 진찰을 해 봐야 정확한 원인이 나올 듯합니다. 돈을 좀 모으면 종합병원에 찾아가려고 합니다.

1974년 5월 14일

아버지가 아들에게 ⑧

집안 대소가 모두 무고하다. 물론 서울도 잘 있고.

너도 잘 있겠지. 전번 함부르크에서 보낸 書信(서신) 잘 받았다. 고국은 벌써 초여름 新綠(신록)의 季節(계절), 집에서는 마늘 收穫(수확)이 한창이고 보리도 거둬들여야겠고, 이 주일 후면 모두 심어야겠구나. 영래도 西大門(서대문) 稅務署(세무서)로 轉勤(전근)했는데 그 소식 들었으리라 믿는다.

조성 은재 누이 정자가 장사 물건 떼러 서울을 열흘 걸러 來往(내왕)하니 그편에 어머니가 소소한 것 보내주고 하신다. 나는 내일 觀光次(관광차) 이재미, 이용옥과 셋이서 3~4일 일정으로 전북, 충남지방으로 떠난다. 다시 書信(서신) 보내마.

이 글을 쓰고 있노라니 곁에서 어머니가 "훌륭한 내 아들아, 잘 있거라." 이렇게 써 달라고 조르는구나.

잘 있어라. 집안 걱정 말고.

        아버지, 어머니. 1974년 6월 2일

영래 편지 ④

형, 봄비가 오는 계절입니다.

여기 계절의 여왕 5월이 어느새 하순에 접어든 요즈음, 계속 初夏(초하)의 빗줄기가 서울 거리를 적시고 있습니다.

그사이 형은 건강하게 지내고 있는지요. 저 역시 나날의 생활에 쫓기면서 잘 지내고 있습니다.

지난 5월 10일 정들었던 여수를 떠나서 서울로 이사하였습니다. 서울, 꿈에 그리던 곳은 아니었습니다만, 그 속에서 지금은 그 서울 생활을 위한 워밍업에 열중하고 있달까요.

서울 서대문 세무서 총무과장으로 옮겨왔습니다. 여수보다는 여러 면에 있어 차이 나는 곳이기에 더욱 긴장의 며칠을 보내고 이렇게 늦은 펜을 잡았습니다.

가정생활은 우선 미아리에서 하고 있습니다. 응암동으로 옮기려다가 제 처가 임신 중이고 또 일하는 아이까지 있어 식구가 세 명이라 당분간 처 언니 집인 미아리에다 짐을 풀었습니다. 형편이 되는 대로 신촌 방면에 방 두 개짜리 집을 얻어 이제 본격적으로 서울 생활을 시작하여 볼 예정입니다.

상경 시에 예당의 어머니는 섭섭한 모양이셨습니다.

지금 저의 형편에 당장 응암동에 들어갈 수는 없고 집을 장만할 형편도 되지 못합니다. 처가 신세는 되도록 지지 않아야 한다는 어머님의 심려도 충분히 이해할 수 있기에 빠른 시일 내에 여기(미아리)에서 신촌 방면으로 이사를 하여 볼 예정입니다.

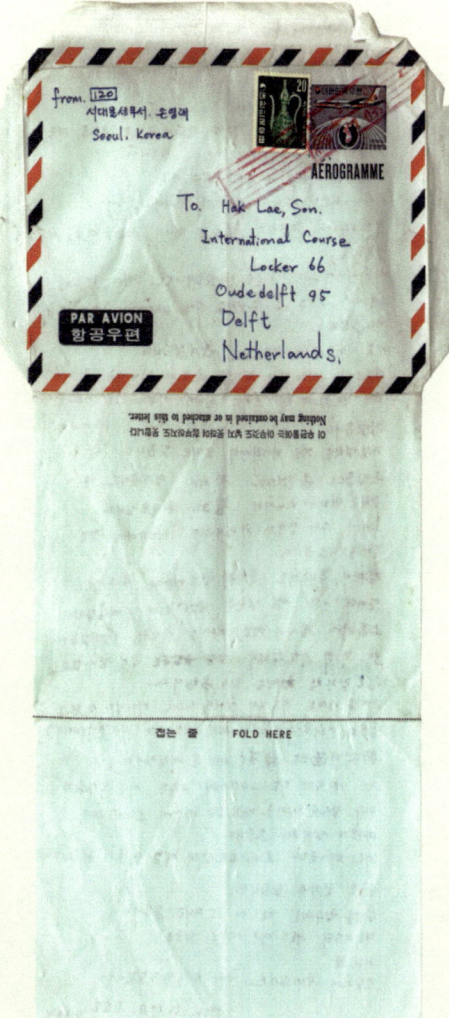

영래 편지

서울 부임하자마자 지난 11일부터 오는 24일까지 2주간 감사원 감사를 받고 있는 바람에 요사이 더욱 바쁘게 생활하고 있습니다. 서울로 떠나올 때 복내 누님, 순천 양래, 예당 모두 들러서 왔습니다. 모두 잘 지내고 있습니다. 응암동 형수씨도 학교 잘 다니고 있습니다.

며칠 전부터 서울은 계속 비가 오고 있군요.

그럼, 형. 건강하게 지내십시오. 다시 소식 띄우겠습니다.

영래 올림 1974년 5월 19일 일요일

누나 편지 ③

학래 보아라.

여기는 이제 초여름에 접어들었다.

그동안 너무 오랫동안 소식 못 전해서 무슨 말을 먼저 해야 할지 모르겠다. 내 생활에 쫓기다 보니 펜을 들기가 어려웠구나. 그렇다고 어찌 너를 잊었겠냐? 너만 생각하면 가슴이 벅차오르고 기쁘기 한량없단다. 어머니랑 아버지 함께 있으면 언제나 너에 대한 자랑이시다. 오로지 삶에 대한 보람을 너한테서 찾으려고 하시는 듯.

나도 이제 나이가 좀 들었는지 옛날 우리가 자라면서 싸웠던 일, 재미난 일 등이 또렷하게 머릿속을 맴돌고 어쩔 땐 그리워지기까지 한단다. 지금 너도 멀리 가 있고 영래도 서울로 떠나고 보니 마치 정까지 떠난 것만 같고 해서, 시집오기 전 허물없이 지내던 때가 그리워지는구나.

북구 여러 나라를 여행하고 돌아왔다는 소식, 예당 집에 갔을 때 보낸 엽서를 통해 알았다.

우리 집은 요즘 한약까지 겸해 영업 중이다. 자형이 한방을 배우고 싶어 한약사를 한 분 모셔 왔다. 약국은 그런대로 수지를 맞추고 있다만 애들 교육 때문에 걱정이 많구나.

정희나 형준이, 여기서는 다들 잘한다고 하지만 도시 아이들을 어찌 따라가겠냐. 얼마 전 정희에게 과외 선생을 붙여 줬더니 성적이 좀 오르더구나. 하지만 결국 아이들의 미래를 위해선 대도시로 내보내야 하지 않을까 생각 중이다.

너는 언제쯤 나오냐.

집에 식구가 둘 이나 늘었다만, 가정부를 두지 않고 혼자 가사를 전담하려니 여간 고생스럽지 않구나. 지출이 많아서 가정부 들이는 일은 포기했다. 요즘 한국은 유류 파동 때문에 물가가 천정부지로 올라 다들 살기 어렵다고 난리다.

서울 소식은 자주 듣는다. 선희 엄마가 경숙이에게 여간 잘해준다더구나. 그 말 전해 듣고 기쁨을 감추지 못했다.

모든 것이 다 너의 공로라고 생각한다. 날 더워지기 전에 어머니랑 함께 서울 가볼까 한다. 영래는 어떻게 사는지, 선희는 얼마나 컸는지 한번 보고 싶구나. 어머니는 영래가 결혼생활 만족하는 것 같다고 말씀하시더라.

항상 차 조심 사람 조심 몸조심하여라

복래에서 누나 1974년 5월 28일

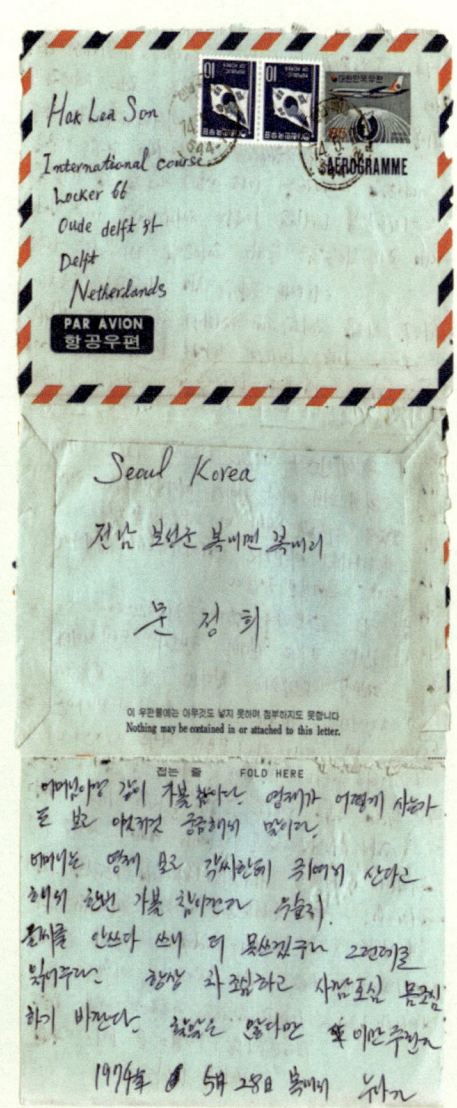

복래에서 누나 편지

양래 편지 ②

형님께. 그간 몸 건강히 안녕하셨습니까.
집에 계신 아버지 어머니 잘 계시고 저도 학교 잘 다니고 있습니다. 이제는 마당 앞에 있는 감나무의 푸른 잎이 무더운 여름을 상징하고 있습니다. 우리나라와 비슷한 기후에서 무더운 여름 동안의 Schedule(스케줄)을 어떻게 세우셨는지요.
지난 24일 우리 논 모내기를 모두 끝냈습니다. 이제 집안의 바쁜 일이 모두 끝난 것 같습니다. 저는 가끔 광주은행에 계시는 재기 형님 집에 놀러 가서 점심도 먹고 옵니다.
세월은 정말 빠른 것 같습니다. 벌써 저의 고등학교 학창 시절이 얼마 남지 않았습니다. 저는 경제적으로 부담이 적고 졸업 후 보수가 좋은, 해양 대학을 지망하고 있습니다. 지금 제 실력으론 약간 미흡하지만 앞으로 열심히 노력해서 해양 대학에 진학하도록 하겠습니다.
요사이 월드컵 대회를 자주 관전하시는지요. 네덜란드 팀이 잘하는 것은 신문에서 자주 보고 있습니다.
복내 자형은 지난번 몸이 아팠는데 지금은 회복되었다고 합니다. 지난번 집에 갔을 때 형님이 보낸 편지 보았는데 저에게도 꼭 답장 주시기 바랍니다. 하숙집을 옮기려다가 여건이 안 맞아서 아직 그대로 있습니다. 주소는 아래 적었습니다.
그럼, 몸 건강히 안녕히 계십시오.
* 전남 순천시 인제동 5반 186의 2 이영석 씨 댁 손양래.

순천에서 양래 올림 1974년 5월 26일

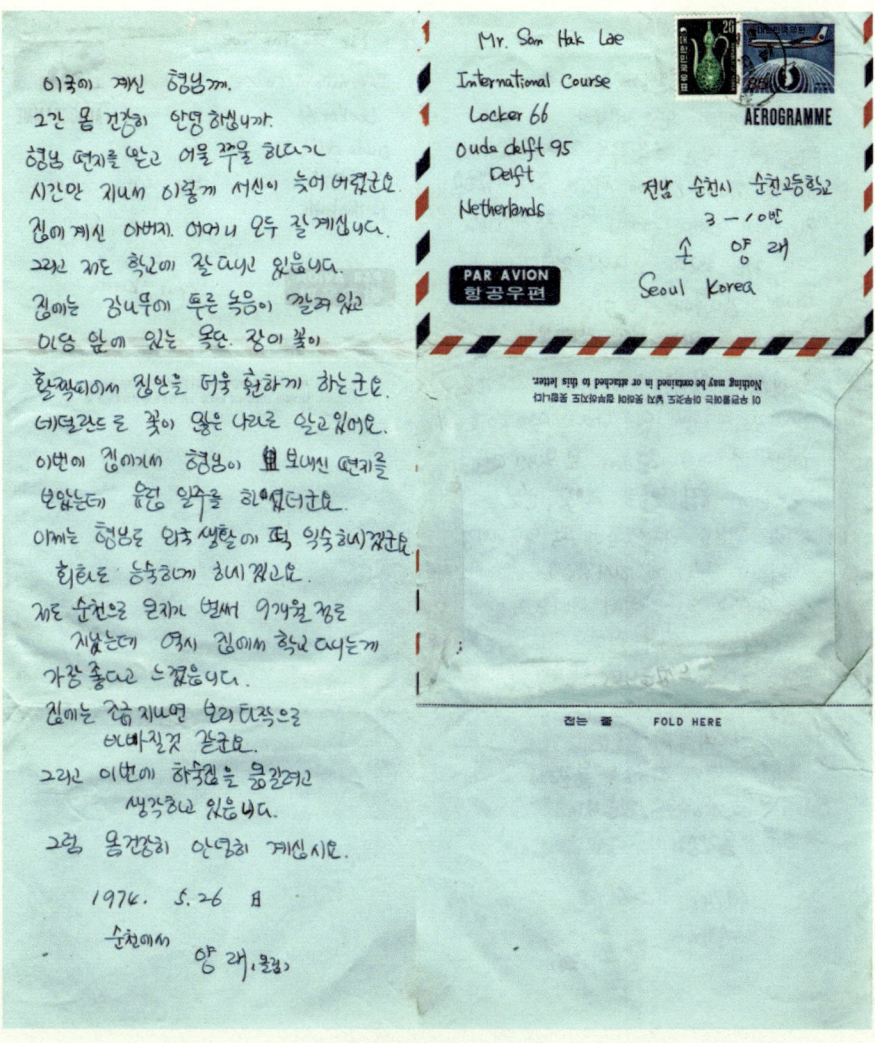

순천에서 양래 편지

네덜란드 델프트 공대에서

1974

여름

71번째 편지. "인천항 준공"

71
인천항 준공

당신이 밀라노에서 보낸 62번째 편지 잘 받았습니다. 어제는 학교를 조퇴하고 경숙 아가씨와 함께 적십자 병원에 가 종합검사를 받았습니다. X-레이 찍고 소변검사 받고 왔는데 결과는 일요일(19일)에 나온다고 합니다. 의사의 말로는 몸이 허약한데 지금 무리하는 중이라고 하더군요. 잠시 편히 쉬는 것이 좋겠다는 말을 덧붙였습니다. 하지만 전 그럴 정도까진 아니라고 생각합니다. 너무 염려 마시고 남은 여행 즐겁게 하기 바랍니다.

4월 말 고사에서 우리 반이 전교 2등을 달성해 상장을 타게 됐답니다. 당신도 기뻐해 주세요. 오늘 교장, 교감을 만난 자리에서 칭찬 많이 들었습니다. 교장이 당신 안부 물어보더군요. 종일 마음이 들떠 기분 좋은 하루를 보냈습니다. 잊지 말고 우리 교장께 꼭 편지해 주시길…….

당신, 이 편지가 도착할 때쯤 어디 계실까요. 배 안에서 익은 고추장으로 반찬 해 먹을 시간 있을지 모르겠습니다. 혹시 고추장이 먹지도 버리지도 못하는 천덕꾸러기가 돼 있진 않겠지요.

한국과 비교할 수 없는 선진국에 살면서 우리나라는 어디부터 손을 써야 할지 막막하지 않습니까? 그래도 얼마 전 인천항 새 항만이 준공됐다고 신문과 방송에 났더군요. 마침 어제 당신과 함께 근무했다는 여직원이 인천항 준공 기념 벽걸이 기념품과 사진첩을 가져왔답니다. 사진첩에 현대적으로 변모한 인천항이 참 근사하더군요.

이렇게 당신이 아니 계시는 동안 한국도 많이 발전하고 있습니다. 부디 공부 많이 해 오셔서 낙후된 국토를 발전시키는데, 크게 한 몫하십시오.

우리 선희 보고 싶지 않으십니까. 전에 보낸 편지 받았다면 그 속에 든 선희 사진 보셨겠지요. 장난은 점점 심해지고 심통도 늘어났답니다. 그래도 어딜 가나 인사를 잘해 귀여움을 독차지하지요. 요즘 신발을 신겨 주면 마당에 나가 놀기도 합니다. 대소변도 가리는 중입니다. 당신 내 병 걱정은 하지 마시고 당신 몸 잘 챙기십시오.

안녕.

1974년 5월 16일

인천항 준공 전후

72
비 맞고 병원 다녀왔습니다

여보! 사랑합니다. 초여름으로 접어드는 요즘, 날씨가 왠지 을씨년스럽더니 오늘은 처량하게 비가 내립니다. 비를 맞으며 병원에 다녀왔습니다.

계속 치료받다 보니 돈이 참 많이 드는군요. 벌써 들어간 돈만 5만 원 넘습니다. 언제까지 치료받아야 할지, 당신 떠날 때보다 몸도 많이 말랐습니다. 그렇다고 너무 염려 말기 바랍니다. 치료 불가능한 병이 아니니까요. 다만 원인을 아직 찾지 못할 뿐이랍니다.

처음 큰언니가 소개해 준 병원에 문제가 있지 않았나 생각합니다. 거기서 병원균에 감염된 것 같습니다. 처음엔 대수롭지 않게 생각해 내버려두었는데 결국 그것이 원인이 되어 염증을 일으킨 모양입니다.

오늘은 한국에서 제일 크다는 '기화산부인과'에 다녀왔습니다. 앞으로 계속 이 병원에 다니며 치료하기로 했습니다. 치료비는 어떻게든 조달하고 있으니 걱정하지 마십시오. 무슨 수를 쓰든 당신 귀국하기 전에 완치토록 하겠습니다.

영래 도령은 서울로 이사 와서 지금 미아리에 있습니다. 며칠 전 부부가 동서 언니의 아기 백일이라고 백일 떡을 갖고 집에 왔었습니다. 도련님이 임신한 동서를 자가용에 태우고 왔는데 집에 5분 정도 앉아 있다 훌쩍 떠나버려 서운한 마음이 들었습니다. 짐은 그곳에 풀었다고 합니다.

이달부터 당신 봉급은 경숙 아가씨가 정재무 씨와 연락해 사무실 부근 다방에서 만나 받아오고 있습니다. 그리고 4월에 정재무 씨가 가져온 1만 원은 직원들이 모은 것이 아니고 조 계장님이 개인적으로 보낸 것이라 합니다.

내 사진은 받아보셨는지요. 요즘도 여행 중입니까. 즐겁고 유쾌한 여행 중에 골치 아프고 반갑지 않은 소식만 전해 죄송합니다. 그러나 이렇게라도 해야 내 마음의 숨통이 열릴 것 같습니다.

부디 건강하시고 보람된 시간 갖도록 하세요.

1974년 5월 21일

73
꿈에서 당신 귀국

당신의 68번째 엽서 잘 받았습니다. 호사스런 견학 마치셨다니 조금 섭섭하시겠군요. 그런 여행이라면 날마다 해도 좋겠다 싶습니다. 어젯밤 꿈에는 당신이 귀국했더군요. 유학 기간이 단축됐다나요? 그래도 이상하게 기쁘지 않고 덤덤하기만 했습니다. 오매불망 당신 오길 손꼽아 기다리던 내가 왜 그랬을까요. 꿈을 깨고 곰곰 생각해 보았답니다. 꿈도 생각하는 대로 꾼다고 했습니다. 요즘 당신 편지가 뜸하고 내용 또한 성의 없다고 생각하고 있었는데 아마도 그 마음이 그대로 남아 꿈에서 만난 당신에게 반가움을 느끼지 못한 모양입니다.

그래도 반가운 소식 전합니다. 산부인과에서 그만 오라고 합니다. 어제 병원에서 약을 타왔는데, 3일 복용 후 영계에 수삼을 넣어 푹 고아서 열 마리만 먹으라고 하더군요. 그 말을 들으니 태산 같던 걱정이 봄눈 녹듯 사라지고 말았습니다. 이제 당신 걱정 안 해도 됩니다.

이강용 씨가 식품점 그만두고 연신내에 다방 차렸단 소식이 든 편지 못 받았는지요. 이강용 씨는 이사하기 전(13일경) 당신 편지 받았다고 합니다.

개업하던 날 정재무, 김용섭, 이강용, 나 이렇게 넷이 앉아 있는 자리에서 이강용 씨가 정재무 씨와 김용섭 씨에게 당신의 부탁이라며 인사과장과 총무과장이 누구냐 등등을 묻더군요. 최근에 사무실 인사이동이 있었습니까?

그리고 그제(21일) 조 계장님께서 여직원을 시켜 1만 원을 또 보내 주셨습니다. 한창 돈이 없어 쩔쩔매던 터라 감사히 받았습니다.

요즘 경숙 아가씨와 애숙이는 말 잘 듣고 집안 일 잘 돌봐 주고 있습니다. 선희는 사람들이 하는 행동을 원숭이처럼 모두 따라 합니다. 당신께 보낸 사진은 사연이 많습니다. 처음 찍을 땐 나는 잘 나오고 선희가 찡그려 다시 찍었는데 다음에 찍은 사진은 반대로 내가 찡그리고 선희가 잘 나왔더군요. 다시 찍으려다 선희 웃는 모습이 더 좋을 듯하여 그대로 보냈습니다.

배추김치와 깍두기를 손수 담갔다니 참 용하십니다. 그 솜씨 집에 와서 한 번 발휘해 보시길.

5월도 어느새 막바지인 23일, 주위에서는 내가 보통이 아니라고 입방아를 찧는 것 같더군요. 특히 필중 엄마는 내가 똑똑하다나요. 무슨 근거로 그런 말을 하는지 알 수 없지만, 한데 내 귀엔 전혀 그런 말이 들어오지 않습니다.

어서 5월이 가고 여름이 가 당신 귀국할 날을 기다릴 뿐이랍니다. 오늘도 하느님 굽어살피소서 기도하며 보냈습니다.

1974년 5월 23일

74
어수선한 한국 소식

여보! 또 불러봅니다. 만약 내 목소리를 듣는다면 틀림없이 반갑게 대답할 당신이기에 당신 대답이 들리지 않아도 마음의 고동이 울립니다. 역시 봄이라 날씨 변덕이 심합니다. 맑고 투명한 하늘에 어느새 먹구름이 몰려오더니 천둥이 치고 비가 내립니다.

어제 경숙 아가씨가 종합청사 가서 당신 봉급 타가지고 왔습니다. 저녁 늦게는 복래 누님으로부터 전화가 왔습니다. 6월경 아버님과 함께 올라오시겠답니다. 이번 달 오시려고 했는데 아버님이 감기에 걸려 다음 달로 미뤘답니다.

요즘 그곳 생활은 어떤지요. 날씨 또한 맑고 포근해 아름다운 꽃이 만발했겠군요. 그곳의 아가씨들은 아름다운 꽃을 닮아 모두 예쁘겠지요.

한국은 20일 추자도에 간첩이 나타났다고 야단이랍니다. 몇 명이 죽고 다치고 했다는데 소식을 들은 국민 모두 뒤숭숭해 있습니다. 학교에 가도 종일 간첩 이야기뿐이고, 뉴스에서도 간첩 신고 잘하란 말만 나오니 무섭습니다.

그러잖아도 대낮에 우리 앞(필중네 옆집)집에 식칼을 든 강도 세 명이 주부를 위협해 장롱 안에 두었던 패물을 훔치려다 미수에 그친 사건이 있었습니다. 앞집 주부가 어찌나 악을 쓰며 저항했던지 강도들이 도망가고 말았답니다. 얼마 후 그중 한 명이 경찰에 붙잡혔다는 뉴스 들었습니다.

두 소식 모두 소름이 끼칠 만큼 두렵고 무섭습니다. 애숙에게 말했습니다. 혹시 내가 없더라도 그런 일을 당하면 당황하지 말고 침착하게 대응하라고 말입니다.

선희가 커가면서 서서히 당신을 닮아가는 것 같습니다. 고집은 세지만 겁이 많고, 무엇이든 제 손으로 하려 듭니다. 어려서는 욕심이 없었는데 요즘 욕심이 늘어난 것 같습니다. 그래도 예뻐 어쩔 줄 모르겠습니다.

오늘도 당신을 그리워하며 하루를 보냈습니다. 안녕.

1974년 5월 25일

75
나는 새에게라도 마음 전해주시길

당신의 싱겁디싱거운 69번째 편지 잘 받았습니다. 사랑하는 아내에게 오직 그 말밖에 적을 게 없었습니까. 오랜만에 아내에게 펜을 드니 가슴이 뛰고 손이 떨려 아무 말도 떠오르지 않았습니까. 집과 학교를 시계추처럼 왔다 갔다 하다 보니 마음도 감정도 무뎌지고 말았습니까. 그게 아니라면 집을 떠난 지 오래돼 향수병에 걸려 생각나는 단어가 하나도 없었습니까.

고추장으로 김치 담가 한국의 맛을 보셨다니, 이젠 기운 좀 내십시오. 그제 선희, 경숙 아가씨, 애숙이를 데리고 숙이 아가씨 집에 갔다 왔습니다. 아가씨 혼자 있더군요. 이 서방은 신문사 그만두고, 군산인가 논산인가(잘 모르겠습니다)에 새마을 관련 사업차 가 있답니다.

아들이 우량아급이 넘을 만큼 탐스러웠습니다. 어찌나 건강해 보이던지. 은근히 부럽더군요. 나는 아들을 못 낳을까 걱정입니다.

내가 이 편지를 쓰고 있는 이 시각, 당신은 무엇하고 계실까 생각해 봅니다. 그곳은 저녁놀이 붉게 물든 하늘에 새들이 날아다니고 있을 시간, 그 새에게 당신의 마음을 전해주시길. 그럼, 그 새가 오늘 밤 꿈에 당신의 마음을 물고 내게 나타날 겁니다.

오늘 막내 도령한테서 편지 왔습니다. 당신에게 보내는 편지 써 놓고 답장할 겁니다. 답장에 어머니께 드리는 글도 적으려고 합니다. 내친김에 두 분의 오빠, 대전 언니에게도 쓰겠습니다.

며칠 있으면 5월 말 일제고사를 치릅니다. 요 녀석들이 이번엔 전교 1등을 꼭 해주면 좋겠습니다. 선희가 옆에서 쿨쿨 잘 자고 있군요. 오른손 엄지손가락을 절대로 빼앗기지 않겠다는 듯 입에 넣고 빨면서……. 안녕.

1974년 5월 28일

76
정희 언제든지 서울로!

건강히 편안히 잘 지내십니까. 매운 고추장 먹고 힘내 공부하시고, 운동도 게을리하지 마십시오. 잠도 충분히 주무시구요.

당신께서 걱정하던 내 몸은 많이, 좋아졌습니다. 이제 병원에서 오지 않아도 된다고 합니다. 다만 약은 잘 먹으라고 합니다. 이제 내 걱정일랑 하지 마시고 당신 주어진 일과에 충실 하십시오.

복내 누님네는 약국과 한약국을 겸한다고 하십니다. 젊은 한약사를 두어 한약에서 발생하는 수입을 나누어 갖기로 했답니다. 요즘은 양쪽을 겸해야 제대로 된 서비스를 할 수 있고 돈도 더 벌 수 있다고 합니다.

그런데 정희를 서울로 데려와 학교에 보낼 계획 이시더군요. 처음엔 당신도 없고 몸도 약한 내가 정희까지 데리고 있으면 힘들겠다 싶어 망설이셨답니다. 그 이야기 듣고 가만있을 수 없었습니다. 우리 집 자주 오가는 정자 편에 서울에 진학시키고 싶으면 언제든 보내라고 내 의견을 말씀드렸더니 누님께서 몇 번이나 고맙다고 말씀하셨습니다.

여보! 내가 참 잘했죠? 결혼 막 하고선 미움받던 내가 인정받고 식구들 사랑을 독차지하게 된 것은 순전히 나를 내려놓았기 때문이라고 생각합니다. 난들 우리 식구만 살면 얼마나 편하고 좋겠습니까. 그러나 장남 며느리로서 당연히 해야 할 의무가 있고, 형제간의 우애와 가정의 평화를 위해 얼마간의 희생과 헌신이 필요하다 싶었습니다. 덕분에 부모님이든 누구든 다 나를 아끼고 좋아하지 않습니까. 지금 시골에는 내가 인기랍니다.

여보! 당신도 마누라 잘 얻어 행복하지요? 하하. 오늘 당신의 70번째 편지 잘 받았습니다. 그런데 편지가 물이 젖었는지 얼룩이 져 당신이 정성 들여 쓴 글씨가 지워진 곳이 있더군요. 네덜란드에서 젖었는지 한국에서 젖었는지 모르겠는데 어디서든 우편물을 소중하게 다뤄주면 좋겠습니다.

여보! 당신 주변 사람들에게 귀국 때 무슨 선물 받고 싶냐고 물어보았다면서요? 가급적 그런 말씀 하지 마시길. 자제 부탁합니다. 선물이란 예기치 않을 때 받아야 감동이 큰 것이지 미리 말하면 기대치가 생겨 받고서도 섭섭한 마음이 들 수 있습니다. 설사 선물을 사 오지 않아도 누가 탓하겠습니까. 다들 외국 생활은 비용이 많이 들어갈 것이라고 여김으로 섭섭해할 사람 아무도 없을 겁니다. 다만 부모님 선물은 꼭 사 오십시오.

좀 더 실속있게 살아보고 싶어 본의 아니게 잔소리 좀 했습니다. 언제나 오늘보다 내일, 순간의 웃음보다 영원한 미소를 생각합시다. 안녕.

1974년 5월 30일

77
만 원 들인 집 단장

보고 싶은 당신이시여. 당신 또한 보고 싶지 아니하나이까. 요즘 그곳 생활은 어떠합니까. 왠지 당신의 나를 향한 마음이 맥이 없어 보입니다. 갑자기 '세월이 약이겠지요'란 노래가 생각납니다. 그렇습니다. 앞으로 넉 달의 세월이 약이 되어야만 당신이 돌아올 테니까요.

혼자 지내는 나날, 따분하고 외롭습니다. 오로지 학교와 집을 오가는 출퇴근이 유일한 외출인 만큼 내게 그 무슨 즐거움이 있겠습니까. 아이들에게 성적 올리자고 잔뜩 잔소리해 놓았더니 효과가 있었나 봅니다. 이번 5월 일제고사에서 우리 반이 전교 3등을 했답니다. 상위권 경쟁이 어찌나 심해 불과 0.1점 차로 순위가 갈렸는데 6학년이 1등과 2등을 하고 우리 반이 3등을 했습니다. 이런 이야기를 들으면 우습기 짝이 없겠지만 학교에선 성적이 모든 것을 말해준답니다.

어제 정희 집에서 부쳐온 10,000원으로 집 단장을 했습니다. 대문과 담, 철조망과 창틀에 페인트칠하고 넝쿨장미 세 그루를 사다 심었습니다. 갑자기 집 단장에 나선 이유가 궁금하지 않으십니까.

동네 통장이 집 앞 행길에 아스팔트 깐다며 10,000원을 걷는다 하지 않았겠습니까. 그런데 공사비 견적을 내보니 가구당 40,000원을 내야 하기에 이를 보류 하기로 결정했답니다. 나로선 이왕 10,000원을 내기로 한 돈이니 그 돈으로 집 단장을 하게 된 것이지요.

앞서도 말했지만 당신 글을 보니 왠지 맥이 빠진 듯합니다. 요즘 견학이 없어서 그렇습니까. 그래도 그곳에서 일어나는 재미난 이야기와 아름답고 볼만한 풍경을 자세히 좀 써 주십시오. 가보지 못해도 기분이라도 느끼고 싶습니다.

선희 보고 싶지 않으세요. TV에 나오는 노래나 몸짓은 모두 따라 합니다. 특히 노래가 나오면 가락에 맞추는 것이 참 영특합니다. 현대적 노래는 현대무용처럼 고전 노래는 고전무용처럼 춤사위를 맞추려 듭니다.

어제는 내가 먹은 것이 체해 기침이 나오고 눈물을 흘리자, 손수건으로 눈물을 닦아 주고 고사리 같은 손으로 얼굴을 감싸주지 않았겠습니까. 나중엔 베개를 갖다주고 이불도 덮어주더군요. 어제는 어린 선희에게 효도를 받은 기쁜 날이었습니다.

당신이 어서 왔으면 좋겠습니다. 우리 함께 예쁜 선희 함께 보며 행복한 미소 지어 보게요.

1974년 6월 4일

78
또 꿈속에서 만난 당신

당신의 72번째 편지 잘 받았습니다. 무고하시다니 기쁩니다. 어젯밤 꿈속에 나타난 당신이 얼마나 으스러지게 안아주던지, 꿈이었지만 생시와 같은 느낌이었습니다. 잠에서 깨어나자 참으로 허망했습니다.

요즘 부쩍 꿈속에서 당신을 만납니다. 깨어나면 아쉽고 허망하지만, 꾸는 순간 행복합니다. 꿈도 생각하니까 꾼다지요. 맞습니다. 요즘 온통 당신 생각만 하며 지내니 꿈속에서라도 당신을 만나나 봅니다.

어제 작은 올케가 와서 이자를 주고 갔습니다. 그 돈을 보태 곗돈 20만 원 부었습니다. 모처럼 시장에 나가 선희 신발도 사 왔습니다.

요즘 아프지 않으니까 이제 내 몸에 대한 걱정 놓으십시오.

오늘 영래 도령 부부가 집에 온다고 합니다. 그제부터 온다온다 해서 기다리고 있는데 영래 도령 사무실 일이 여간 바쁘지 않더군요. 그래서 내가 선희 데리고 그쪽으로 가려고 했는데 오늘 확실히 온다고 합니다.

요즘 아침은 잘해 드시나요. 양말이나 속옷도 깨끗하게 세탁해 입고 다니는지요. 옷가지는 직접 세탁하시는지.

당신 책상 위에 나와 선희가 나란히 찍은 사진 있다지요. 사진이지만 아내와 딸의 실존이라 생각하십시오. 선희는 속에 노랭이가 들어있는지 못 하는 행동이 없답니다. 이 모두 당신을 닮아서겠지요. 아니지요. 우리가 낳은 아이라 우리 둘을 닮았겠지요.

방금 어머님과 누님께 편지 써 봉해 놓았습니다. 때때로 가족들에게 안부 편지 드리면서 며느리 역할 잘하려고 노력 중입니다.

당신 귀국 날이 다가올수록 가슴이 설렙니다. '새색시도 아니면서'라고 흉보지 마십시오. 외로운 객지 생활 얼마 남지 않았습니다. 오늘도 당신의 무고, 무사 비옵니다. 안녕.

     1974년 6월 8일

79
영래 도령 다녀갔습니다

지금 시각 새벽 4시 10분. 지금 막 멀리서 들려오는 교회 종소리가 귓가에 맴돕니다. 간간이 개 짖는 소리도 종소리에 섞이는군요.

어제 학교에서 어떤 선생님과 약간의 말다툼이 있었습니다. 밤새 잠이 오지 않더군요. 내 성격이 못돼서 이럴까요. 나한테 문제는 없나 종일 생각했습니다. 그러나 시간이 갈수록 나보다 분명히 저쪽에서 잘못한 것이라고 결론을 냈습니다.

이렇게 이기적 마음으로 세상을 살아간다는 건, 쉽지 않겠지요. 나와 다툰 그이도 나와 같은 생각 아니겠습니까. 어지간히 세월이 흐르고 세상의 너른 속을 조금 더 겪으면 이런 마음에서 벗어날 수 있을지 모르겠습니다.

그제 일요일 비료를 사다 모든 꽃나무에 뿌려주었습니다. 봄이 한창인데도 꽃을 피우지 않는 것이 아무래도 영양소가 부족한 것 같았습니다. 닭도 모이를 먹어야 알을 낳는 것처럼 나무도 비료를 뿌려주어야 꽃이 피지 않겠습니까. 그것도 모르고 저절로 커서 꽃이 피길 바랐으니……

이럴 줄 알았으면 진즉 비료를 뿌려줄걸, 이제라도 뿌려주었으니, 내년엔 반드시 아름다운 꽃을 볼 수 있을 겁니다. 지금 내가 누릴 수 있는 즐거움은 선희 키우는 것과 꽃나무 바라보는 것이 전부랍니다.

토요일 영래 도령 부부가 와서 놀다 갔는데 제 성의껏 대접했습니다. 특히 임신 중인 동서가 마음 편하고 즐거웠으면 좋겠다는 생각에 각별한 마음으로 정성을 다했습니다. 이러한 정성과 수고가 쌓여 형제간의 우애가 두터워진다고 생각합니다.

안녕, 건강을 비옵니다.

1974년 6월 11일

80
영래 도령과 동서

로마와 비엔나에서 보낸 엽서 잘 받았습니다.

견학을 마쳤나 했더니 또 시작입니까. 돈 너무 아끼지 마시고 필요한 것 사고, 먹고 다니십시오. 귀국할 때 빈손으로 와도 좋습니다. 사고 없이 건강하게만 다니십시오. 낯선 곳에서 혹시 사고라도 당하면 얼마나 낭패입니까.

어제는 선희 데리고 경숙 아가씨와 함께 동서 집에 갔습니다. 가는 도중 동서 언니네 부부를 종로 2가에서 만났습니다.

종로에서부터 택시를 탔습니다. 그런데 동서가 귀뜸해 주어 알았는데, 어른들만 있었으면 버스를 탔을 것이랍니다. 내가 어린 선희를 안고 있었기에 택시를 탔다더군요. 나에 대한 배려가 고맙기도 했지만, 돈이 있어도 절약하는 그분들을 다시 보게 되었습니다.

동서네는 문간방인데 깨끗하게 잘 정돈되어 신혼 방으로 손색없이 꾸며 놓았더군요. 동서 언니네도 응암동으로 이사 오려고 집을 보러 다닌답니다. 지금 사는 집을 팔고 이쪽으로 이사 올 마음이 있다더군요.

영래 도령은 처가에서 백만 원을 탔다나요. 그 돈에 50만 원을 보태 작은 아파트라도 살까 한답니다. 아무튼 영래 도령은 처가의 도움으로 당장 집 사는 것도 가능하고 최소한 전세 독채라도 장만할 듯합니다.

동서에게 되도록 우리 집 쪽으로 이사 오라고 했는데 그렇게 할지 모르겠습니다. 거기 갈 때 바나나 사 들고 갔습니다. 잘 대접받고 왔으나 좀 부러웠습니다.

당신이 9월 중순에 귀국한다고 하여 그때를 기준으로 날짜를 꼽고 있었는데 10월에 오신다니 맥이 쑥 빠집니다.

집에 오던 중 기영이를 만나 다방에 갔었습니다. 정말 모처럼 오랜만에 젊은 분위기를 만끽하고 왔지요. 그런데 가끔 숨이 차오르는 듯 압박감이 밀려오고 촌뜨기가 되어버린 것 같아 가슴이 답답했습니다.

그래도 선희가 예쁘다고, 귀여워해 주는 사람이 많아 그 안에서 기쁨과 위안을 얻습니다. 오늘 동서 언니네 부부도 선희를 많이 귀여워해 주었답니다.

여보! 사랑합니다. 세상에 태어나 오로지 당신만을 사랑하기에 당신과 관련된 모든 이들도 함께 사랑합니다. 무사히 견학 잘 마치시길. 안녕.

1974년 6월 17일

81
막내 도령 편지에 적힌 예당 소식

견학은 무사히 마쳤습니까. 요즘 왠지 당신 편지가 성의가 없고 진심이 담기지 않은 것 같아 읽어도 기쁘지 아니합니다.

오늘 로마에서 보낸 엽서 받았는데 보낸 날짜가 4월 11일로 돼 있더군요. 혹시 6월 11일을 잘못 쓴 것 아닙니까. 정말 그랬다면 정신이 온통 다른 곳에 있는 것이지요. 오직 영어 공부에 집중하고 틈틈이 정구나 치겠다고 말한 분이 혹시 다른 일에 정신을 빼앗기고 있는 건 아니겠지요? 잠시 바가지 좀 긁었습니다. 하지만 나는 언제 어디서나 당신의 건강과 무고만을 바랄 뿐입니다.

몸은 회복됐는데 전에 쉰 목은 아직 그대로입니다. 아직도 가수 문주란 목소리처럼 걸걸거리곤 합니다. 그런데도 여교사 합창대회에 나갈 단원으로 뽑혔습니다.

학교 일은 왜 이다지도 많은지, 학생 가르치는 수업보다 수업 외 과외 업무가 사람을 더 피곤하게 만듭니다.

막내 도령에게서 편지가 왔는데 해양대에 들어가겠다고 하는군요. 지금은 약간 성적이 부족하나 남은 시간 열심히 공부해 꼭 입학하겠다고 했습니다. 도령의 뜻대로 되었으면 좋겠습니다. 도령의 편지엔 시골 소식도 들어있었습니다. 보리타작과 모내기 모두 마쳐 바쁜 고비는 넘겼다 합니다.

선희가 옆에서 새근새근 잘도 잡니다. 당신도 오늘의 피로 푹 푸시고 활기찬 내일 맞이 하세요.

1974년 6월 18일

1970년 겨울 예당집

아버지가 아들에게 ⑨

고국에는 2주일 동안 햇빛을 보지 못할 정도의 지루한 장마가 계속되고 있구나. 농작물이 무럭무럭 잘 자란다만 혹시 이번 장마에 피해가 나지 않으면 좋겠구나.

어제는 논에 김을 매는데 네 어머니가 샛거리를 갖고 와 "우리 새끼들한테 쌀 많이 보내주게 잘 자라라" 하시면서 비틀어진 모포기를 바로 세우더구나.

9월 19일 경에 귀국한다니 그 무렵에 나도 네 어머니와 누나랑 상경해서 비행장에 내리는 너를 맞아 주마. 라스트 해피 부탁이다. 여기 大小家(대소가)는 저저히 무고하다. 安心(안심)하고 너의 健康(건강) 유의하여라.

    아버지. 1974년 7월 16일

Gent의 밤.
사자울에가.
사슴을 훔친 한마리씩
먹고 있다.
참 맛이 있겠다.
Gent의 park에서.
7. 17.

Gent에서 보낸 엽서

82
손관호 차관님 소식

그사이 건강하셨습니까.
서울에 사는 당신의 가족들은 모두 잘 지내고 있습니다.

어제 영래 도령에게 전화가 왔는데 손관호 차관님께서 네덜란드로 출국했답니다. 일주일가량 그곳에 머무르면서 당신도 만날 거라 합니다.

시골집에서도 모두 잘 있다는 안부 전화 왔습니다.

어제 합창대회에서 우리 학교는 입상하지 못했습니다. 쉰 목을 무릅쓰고서 며칠 동안 연습하고 나갔는데 많이 섭섭했습니다. 그 시간에 아이들 공부 지도나 할 걸 그랬다 싶었습니다.

더워서 그런지 왠지 몸이 처지고 기운이 없습니다. 우리 반 아이들도 담임을 닮는지 무기력해 보이더군요.

오늘이 하지. 이제 본격적으로 여름이 닥치고 장마가 몰려오겠군요. 장마가 지면 할머니 집 부엌에 물이 고이고 천장에 비가 샐 텐데 걱정입니다.

※ 손관호 차관님은 당시 총무처에 근무중이셨다.

예전에 하수구를 묻어 물이 거리로 흘러가지 않게 하는 공사는 3,000원 들여 마쳤다고 합니다.

지금 편지를 쓰고 있는데 선희가 자기랑 안 논다고 떼를 쓰고 웁니다. 어리광이 어찌나 심한지.

동네 사람들은 속도 모르고 동생 안 갖냐고 묻기도 합니다. 이따금 만나는 선생님들도 요즘 재미 어떠냐면서 동생 있지? 하곤 한답니다. 내가 남편도 없는데 어떻게 애를 낳냐고 하면 잠시 어리둥절하다 나중엔 배꼽을 쥐고 웃습니다.

당신의 건강과 무사 비옵니다. 안녕.

1974년 6월 22일

델프트에서 정용 교수와 함께 테니스를 치고

83
페인트칠 집 단장

당신의 77번째 편지 잘 받았습니다. 건강하심과 함께 모든 일에 능숙해지셨다니 좋은 일입니다. 나 역시 당신 대신 집안일 바깥일 가리지 않고 하다 보니 많이 늘었습니다. 집안 필요한 곳에 못을 박는다거나 관공서에 나가 세금을 내는 등의 일을 혼자 하면서 마치 가장이 돼버린 느낌입니다. 어쨌든 좋은 일이라고 생각합니다.

마루와 안방 화분 놓는 곳에 녹이 많이 슬어 페인트를 칠했습니다. 페인트 가게에서 페인트를, 주유소에서 휘발유를 사다 손수 장갑을 끼고 작업을 했습니다.

처음엔 힘이 들었습니다. 꼬불꼬불한 철망에 일일이 페인트를 칠하는 것이 어려웠고 시간도 많이 걸렸습니다. 그래도 일을 마치니 산뜻하게 변모한 우리 집이 세상에서 가장 멋져 보였습니다. 다만 페인트 색깔을 잘못 고른 것이 아쉬웠습니다. 칠하기 전 연두색이 좋을 것 같아 연두색 페인트를 칠했는데 막상 칠해놓고 보니 흰색이었으면 더 좋았을 성싶었습니다. 그래도 비용이 천 원밖에 들지 않았습니다. 만약 일꾼 불러다 했더라면 인건비 2,500원에 간식비 등이 추가로 들어갔을 겁니다.

한번 해보았으니, 날을 잡아 본격적으로 집 단장에 나설까 생각 중입니다. 니스를 사다 각 방문과 허멀겋게 변해버린 마루 쪽 책 넣는 곳부터 단장하려고 합니다.

어제 당신 회사에서 타이프 치는 아가씨가 당신 봉급을 가져왔습니다. 이 동네 살기 때문에 퇴근길에 가져왔다고 합니다.

경숙 아가씨가 7월 10일 수학여행을 갑니다. 아가씨 수학 여행비는 복래 누님, 영래 도령, 나 이렇게 셋이 분담하기로 했습니다. 정희는 자기 반에서 1등을 했는데 국어 성적이 3학년 정도밖에 안 된다고 걱정이랍니다. 엊저녁 복래 누님한테서 시외전화가 왔습니다.

당신의 선희가 요즘 웬일인지 잘 먹지 않아 빼빼 마른 느낌입니다. 아이들은 하루만 안 먹어도 표가 나잖아요. 계절 탓인가 하면서도 내가 잘 돌봐 주지 못해 그런가 싶어 마음이 아픕니다. 게다가 점점 남자 같아지는 애숙이 손에 맡기는 것이 여간 마뜩찮습니다. 내가 자란 환경을 생각해서라도 선희만큼은 내 품에서 키우고 싶은데, 참 어렵습니다. 엄마의 따뜻한 사랑이 얼마나 중요한지 갈수록 피부로 느낍니다.

당신의 건강을 빕니다. 안녕.

1974년 6월 25일

84
여름이 가까이 왔네요

유월도 막바지에 접어들었습니다. 이제 여름이 문밖에서 서성거립니다. 그러고 보니 여름 방학이 채 한 달도 남지 않았군요. 그런데 이번 여름 방학은 나의 교직 생활 중 가장 지루하지 않을까 싶습니다.

자정이 다가오는 이 시간 당신은 무엇을 하고 있습니까. 날마다 다람쥐 쳇바퀴 돌듯하는 생활 속에서 당신의 편지마저 없다면 내 마음이 얼마나 외롭고 황량할까? 생각해 보았습니다. 풀 한 포기 나무 한 그루 없는 사막처럼 말입니다.

우리 집 천사 선희, 저녁에 목욕시키고 잠을 재우는데도 얼굴에 땀방울이 그득 합니다. 선희는 요즘 아빠라는 말이 입안에서만 맴도는 것 같습니다. 아빠를 눈앞에서 보지 못하고 부르지 못해 그러는 것이겠지요. 앞으로 당신이 오려면 3개월이나 남았는데 이 지루한 시간을 어떻게 빨리 소비시켜 버려야 할지 모르겠습니다. 오늘도 아무 표정 없이 무감각하게 지낸 당신의 아내가 아까운 시간을 소비하며 하염없이 당신을 기다리고 있다는 사실 잊지 말았으면 합니다.

영원한 나의 배필이시여! 곧 원앙새 한 마리가 새끼를 품고 짝을 만나는 꿈을 꿀 것입니다. 그 꿈에서 당신도 늦지 않게 나와 주세요.

1974년 6월 27일

85
은재 도령 부부 다녀갔습니다

또 새날이 밝았습니다. 변함없이 지나가는 나날처럼 나 역시 어제가 오늘 같고 오늘이 어제 같은 날이 계속되고 있습니다. 다만 어제는 금요일, 오늘은 토요일로 이름만 다를 뿐입니다. 토요일이라 한나절 빨리 집에 와 선희를 보살피며 하루를 보냈습니다.

어제는 학교에서 6월 말 고사 성적처리를 하느라 정신없이 보냈습니다. 다리도 붓고 어깨도 아프고, 무엇보다 머리가 깨질 듯 아팠습니다. 그래도 집에 오니 선희가 반겨주어 금방 좋아졌습니다.

그제 은재 도령 부부가 왔다가 영래 도령 집으로 간 다음 어제 다시 우리 집에 왔습니다. 더 있다 가라고 붙잡았는데 기어코 밤차로 내려갔습니다. 아기가 없어서 걱정이랍니다.

어젯밤 늦게 울산에서 작은 올케가 와서 주무시고, 이렇게 아침이 되었습니다.

은재 씨가 선희 칭찬 많이 했습니다. 어쩌면 이렇게 야무지고, 깜찍하고, 또 몰라보게 자랐냐고요. 하긴 당신 닮아서 발은 넓으려나 봅니다. 아무나 보면 좋아하고 따르고, 또 강아지를 얼마나 좋아하는지. 가끔 뽀뽀도 한답니다.

여보! 얼마 남지 않은 기간, 부지런히 공부하며 많은 곳 돌아보십시오. 나라에서 애써 당신을 거기까지 보내 공부시키는 이유가 뭐겠습니까. 당신이 배운 지식과 경험을 한국에다 몇 배 풀어놓으라는 것이겠지요.

아무튼 무리는 마십시오. 병이 나면 절대 아니 됩니다. 그곳에도 여름이 오고 있을 터인데 배탈 나기 쉬운 과일의 유혹을 잘 떨쳐내기 바랍니다.

1974년 6월 29일

86
우리 반 계속 상위권

인도네시아에서 보낸 79번째 편지 잘 받았습니다. 이곳 식구들 모두 잘 있습니다. 음식이나 기후 등 네덜란드보다 더 낯선 곳에서도 만족하시다니 무척 다행입니다.

필요한 것이 방 빗자루라구요? 세상에 인도네시아에는 그것도 없습니까. 있긴 있는데 우리나라와 주택구조가 달라 다른 모양의 빗자루만 있어 그것이 마음에 들지 않는다는 말씀이겠지요.

입에 안 맞는 외국 음식만 먹다가 한국에 오면 한동안 적응 되지 않을까 염려되기도 합니다. 또 우리와 다른 음식을 오랫동안 먹으면 사람의 외모조차 변한다는데 설마 당신은 그렇지 않겠지요. 당신의 새까만 머리카락이 누렇게 변하면 어쩌나 공연히 걱정되기도 합니다. 나는 당신의 검은 머리카락이 좋습니다.

가끔 바가지 긁는 편지를 보내 미안합니다. 사랑하는 아내가 보내는 애교라 생각하십시오.

이번에도 우리 반이 전교 3등을 했습니다. 달마다 계속 상위권에 오르는 우리 반 성적으로 말미암아 옆 반 선생님들이 부러워합니다. 그런데 아무래도 이상하답니다. 도대체 무엇이 이상한지, 그냥 담임이 학생 지도 잘해서 그렇다고 말하면 될 것을 그렇게 말하는 사람들이 오히려 이상합니다.

어쨌든 내가 열심히 학생들을 지도할 수 있는 것은 무조건 당신 덕입니다. 당신이 아무 탈 없이 잘 있어 주니 내가 학생들 지도에 더 집중할 수 있으니까요.

당신 사랑합니다. 항상 마음속에 담아 두는 이 말을 당신 앞에서 할 날이 어서 왔으면 좋겠습니다. 오늘따라 선희가 아빠를 자주 불렀습니다. 안녕. 몸 건강하십시오.

1974년 7월 4일

87
내년 봉급 30퍼센트 인상

건강하시며 무고 하신지요. 이곳 서울 식구들 모두 잘 있습니다. 당신은 저를 그렇게도 못 믿겠습니까. 이래 보여도 남들 하는 것은 다 할 수 있습니다. 내가 미덥다는 생각 버리십시오.

수면 시간이 6시간이면 너무 부족한 것 아닙니까. 짐을 모두 부쳐버렸다니 그사이 필요한 물건이라도 있으면 어쩌려고 그러셨습니까. 이곳은 요즘 장마철이라 비가 자주 오고 불쾌지수가 높은 날이 계속되고 있습니다.

엊저녁 방송에 내년 공무원 봉급 30퍼센트 인상에 상여금 100퍼센트 지급한다는 뉴스가 나왔습니다. 좋은 소식이나, 도대체 물가가 얼마나 많이 올랐기에 봉급을 그만큼 올려준다는 것인지 어리둥절합니다.

며칠 사이 선희에게 피부병이 찾아왔습니다. 작년에도 피부병이 생겨 치료하느라 신경을 곤두세웠는데 올해도 또 그 병에 걸리고 말았군요. 아마도 날씨가 덥고 습해 그러는 것 같습니다.

웬일인지 7월 들어 일이 손에 잡히지 않고 가슴이 두근거리며 날짜도 더디 가며 지루하기만 합니다. 게다가 유류 파동 때문에 겨울

방학이 늘어난 대신 여름 방학을 줄일 거라는 소식이어서 마음이 우울해집니다. 불쾌지수 높은 여름철에 수업이 늘어난다는데 누가 좋아하겠습니까. 더구나 나는 선희를 키우고 있는 몸, 이래저래 유류 파동이 힘들게 하는군요. 그렇지만 나도 기운을 내겠습니다. 장차 우리나라 동량이 될 아이들을 가르치는 것은 보람이니까요.

은진네는 전보다 살도 찌고 몸이 좋아졌습니다. 큰언니네도 잘 있구요. 작은 올케는 서울 올라오면 꼭 우리 집에서 묵고 갑니다. 영래 도령 부부도 전화와 왕래 자주 합니다.

경숙 아가씨는 이번 토요일(14일) 밤차로 목포에 내려간 다음, 배를 타고 제주에 도착해 다시 비행기로 부산, 부산에서 서울로 올라 올 계획이랍니다. 수학 여행비는 15,500원인데 아가씨는 준비 위원이라 하여 10,000원만 냈다고 합니다. 여행비는 복래 누님이 4천 원, 숙이 아가씨와 내가 각각 3천 원씩 내놓았습니다. 나머지 경비 쓰라고 영래 도령이 3천 원, 내가 2천 원 주었습니다. 그러니까 내가 지출한 금액은 총 5천 원입니다. 더 주고 싶었으나 당신도 알다시피 요즘 지출이 많아 그러지 못했습니다.

그래도 경숙 아가씨는 고마워합니다. 내 말이라면 무조건 따르고, 사소한 일도 의논하러 오는 것이 바로 그런 마음 아닐까 싶습니다. 애숙이도 일 잘하고 있으며 선희도 잘 크고 있습니다. 선희는 TV에서 나오는 과자 광고를 보곤 어찌나 사달라고 조르는지 심지어 내 얼굴을 때리는 등 야단이랍니다. 그러다가도 다시 춤추는 장면이 나오면 따라서 춤추고……. 당신의 무사 귀국을 바라며 안녕.

1974년 7월 12일

88
경숙 아가씨 수학여행

그간 몸 건강하신지요.

오늘이 14일, 경숙 아가씨가 수학여행 떠나는 날입니다. 저녁 7시 30분, 서울역에서 기차를 탄다고 준비물을 사러 나가 지금 집에 없습니다. 전에 나는 수학여행을 못가 우울했었는데 수학여행을 앞두고 설레는 아가씨를 보니 오래전 기억이 떠올라 다시 우울해집니다.

영래 도령이 용돈으로 3천 원 주기로 했는데 2천 원만 주었나 보더군요. 모자란 천원을 내가 메꿔 주기로 했습니다.

저녁때 좀 일찍 애숙이랑 함께 서울역에 나가 함께 저녁을 사 먹이고 떠나는 것을 본 다음 집에 돌아올 예정입니다. 아가씨를 보내면서 전에 내가 가져보지 못했던 설렘을 대신 느껴보렵니다.

여보! 당신 없이 혼자 생활한다는 것이 이렇게도 힘든 것인지 정말 몰랐습니다. 이것저것 챙기고 여기저기 다니면서 머리가 핑 돌 때도 있습니다. 내 스스로 세상 사는 지혜를 배운다는 것은 나름의 소득이지만 힘이 드는 건 어쩔 수 없더군요.

날씨가 흐리더니 다시 해가 나려다가 또다시 흐려지길 반복했던, 변덕이 심한 오늘 하루였습니다. 내일 목포에서 배를 타는 아가씨가 조금 걱정됩니다.

앞집(필중이네)에선 상여 나간 지 3일밖에 안 됐는데 잔치가 벌어져 왁자지껄합니다. 남자들이 박수치고 노래 부르며, 야단들입니다. 도대체 3일 전엔 누가 죽었고 오늘은 누구 잔치이기에 저렇게 떠들고 노는 것일까요. 3일 전 곡소리와 지금의 노랫소리가 한 집에서 일어나는 것이 너무나 괴이합니다.

당신은 지금도 여행 중이십니까.

선희의 노래 부르는 소리와 책 읽는 소리가 들리지 않으십니까. 나는 도저히 어느 나라 말인지 알아들을 수 없습니다. 그저 음정에 유의하며 가락의 흐름만 듣고 있습니다. 그 알 수 없는 말 중에서도 엄마 아빠만은 확실하게 들립니다. 그런데 엄마가 한 마디면 아빠는 열 마디, 너무 차이가 나 속상하기까지 합니다. 귀국 때 선희 선물 많이 사 와야 됩니다. 안녕.

      1974년 7월 14일

경숙 편지 ③

오빠!

왜인지 몰라도 불안과 초조가 항상 저의 뒤를 따른답니다. 무엇이라고 콕 꼬집어 말할 수 없는 그런 불안감입니다. 이제까지 저의 게으른 탓으로, 편지하지 못했습니다. 용서해 주십시오.

7월 초에 제주도로 졸업여행을 갔었답니다. 말과 글로 표현할 수 없는 자연의 신비로움과 순수성, 그리고 무언가 향수를 맛보며 마음의 고향을 찾기도 한 의미 있는 여행이었습니다. 5박 6일의 짧지만 즐거운 여행이 오래도록 기억에 남을 것 같습니다. 제주도 다녀와서 7월 24일 시골 집에도 갔었습니다.

집에 가면 언제나 느끼는 것이지만 언제나 어머님의 사랑이 저를 감동하게 만듭니다. 복래 언니도 마찬가집니다. 그러나 어머니와 언니의 저에 대한 관심과 기대가 크기에 도대체 어떻게 해야만 기대에 어긋나지 않게 살 수 있을까 늘 고민하게 됩니다.

서울로 돌아올 때 정희랑 함께 왔습니다. 어쩌면 정희가 응암국민학교로 전학하게 될지 모르겠습니다.

큰 올케언니가 제 캐비닛 사주었습니다. 제 방도 예쁘게 장식해 주시고요. 감사의 말을 전해야지 하면서도 입이 떨어지질 않습니다. 그래도 나의 고마운 마음을 알아주리라 생각합니다.

경숙 1974년 8월 8일

89
연구발표 안 하기로 했습니다

여보! 하늘은 맑으나 몹시도 찌는군요. 그곳도 이렇게 덥습니까. 밤에도 너무 더워서 도무지 잠을 이룰 수가 없습니다. 당신은 이 더위를 어떻게 이기고 계시는지. 공부로 정신 통일? 운동으로? 휴식과 공상으로?

학교에서 1인 1 연구라고 1년 동안 기간을 정해 두고 연구(주제 제한 없음) 논문을 써서 발표하는 대회가 있습니다. 이 논문이 교내에서 뽑히면 군 대회에 나가고 여기서 뽑히면 도 대회에 나가는데요, 내가 연구해 제출한 논문이 선정돼 학교 대표로 뽑힐 모양입니다. 뒷이야기를 들어보니 군 장학사와 학무과장, 우리 교장과 교감, 교무와 연구 주임이 모여 심사했는데 장학사가 꼭 선발하라고 했답니다. 교장이 저하고 6학년 선생님, 둘이 학교 대표로 군 대회에 나가라고 하는데 도저히 엄두가 나지 않습니다.

교장에게 바쁘다는 핑계로 못 나가겠다고 했더니 차트나 인쇄물 등 발표에 필요한 것은 자기가 알아서 모두 준비해 주겠다며 나가라고 사정하더군요. 그래도 여자가 무대에 나가 나 잘났다고 떠든다는 게 싫었고, 또 발표 무대에 올랐을 때 긴장해 꿀 먹은 벙어리 될까 봐 그것이 두려워 못 나가겠다고 말했습니다.

여보! 당신 생각은 어떻습니까. 내가 좀 더 용감해야 할까요. 글쎄요, 남자라면 모를까. 어제 새벽에 복래 누님에게 시외전화가 왔더군요. 그냥 안부를 묻는 전화였습니다.

우리 선희는 요즘 피부병에 걸려 병원에 다닙니다. 병원을 오갈 때마다 "엄마 이거 뭐야"라며 눈에 보이는 것마다 묻는 통에, 답을 하느라 입이 아플 정도랍니다. 그래도 우리 사랑하는 딸이기에 성의껏 답을 해주려고 노력합니다.

당신도 선희 생각하면 기쁘지요? 당신이 아니 계시는 동안 오늘도 선희는 무럭무럭 자라고 있습니다.

안녕, 당신의 건강을 빌며.

1974년 7월 19일

응암동 집을 방문한 선생님들

90
요즘 선희 피부과 다닙니다

여보, 안녕히 주무셨습니까. 짐을 다 부치셨다지요?

옷은 얼마를 남겨 두어 어떻게 갈아입고 계시는지요. 또 그리도 자주 구멍 나는 양말은 어떻게 꿰매 신는지, 수염은 깎고 다니시는지, 혹시 학교나 정구장에 다녀와서 피곤하다고 그냥 주무시진 않는지?

한국의 얼과 맛이 담긴 구수한 된장국을 그리 좋아하시는 분에게 제대로 된 한국 음식을 대접할 수 없으니 송구할 따름입니다. 내가 만약 하늘을 훨훨 날 수 있는 새라면 지금 당장 날아가 된장국을 끓여 상에 올릴 수 있을 텐데.

요즘 선희 피부병 때문에 고역을 치르고 있습니다. 이쪽 나으면 저쪽이 저쪽 나으면 다시 이쪽이……. 벌써 네 번째 병원 다녀왔습니다. 게다가 나는 나대로 학기 말이라 긴장이 풀려서인지 몸살 난 사람처럼 기운이 없습니다.

영래 씨 부부는 미아리 대지 극장 쪽으로 이사 가서 언니네 부부와 함께 산다고 합니다. 언제 시간 내서 가보려고 합니다.

그제(20일) 영래 도령이 휴가를 얻었는데 광주 들러 예당에 다녀올 계획이라며 고속버스 터미널에서 전화했더군요. 도령 부부를 보며 우리에게도 그토록 재미있었던 때가 있었나 싶어 부러웠고 가슴 한쪽이 꽉 막힌 것처럼 답답하기도 했답니다.

7월이 언제 지나갔나 싶을 정도로 벌써 끝을 향해 달려갑니다. 아무리 선희가 아프고 내 몸이 무기력해도 내 앞에 더 큰 고통이 없음을 감사히 생각하며 하루하루 부지런히 살고 있습니다.

그럼, 오늘도 편안하시고 건강을 빕니다. 손꼽아 당신을 기다리며.

1974년 7월 22일

91
부잡한 선희

당신의 88번째, 폴란드에서 보낸 편지 잘 받았습니다. 무엇보다 건강하시고, 무고하시다니 반가울 따름입니다. 나 역시 선희와 함께 건강히 잘살고 있습니다. 언니들과도 자주 왕래하며 크고 작은 도움을 자주 받습니다.

경숙 아가씨는 아마 오늘쯤, 숙이 아가씨 부부와 함께 예당에 내려갔을 겁니다. 당신 귀국하면 우리도 제일 먼저 예당에 다녀오면 좋겠습니다. 이번 여름 방학은 꽉 짜여 있는 강습 때문에 움직일 수 없게 되었습니다.

요즘 선희는 얼마나 부잡스러운지 눈 깜짝할 사이에 일을 저지르곤 합니다. 응접실 책상이나 인형이 제대로 붙어 있지 못합니다. 무조건 올라가서 책이라는 책은 다 빼놓고 그 속에 들어가 누워있지를 않나, 재봉틀 위에 놓인 TV 채널에 손이 닿아 이리저리 돌려놓는 등 일일이 뒤쫓아 다니기가 귀찮아서 가만 놔두면 집안이 정말 엉망이 돼버립니다.

목욕탕에 들어가 물장난하면서 입은 옷을 전부 물에 적셔 빨래하는 애숙이가 힘들어할 정도입니다. 여기저기 부딪치고 넘어져 온몸에 멍이 들고 상처가 없는 곳이 없습니다. 당신 어렸을 때 부잡스러움을 선희가 빼닮은 것 같습니다.

아무튼 부잡스럽기로 소문난 진우를 흉볼 수 없을 정도니, 우리 선희가 어느 정도인지 짐작하시겠지요? 우리 학교는 3일 후 방학에 들어갑니다. 1인 연구수업은 교장에게 사정해 나가지 않기로 했습니다.

몸 건강하시고 무사하기 바랍니다. 안녕.

1974년 7월 24일

92
내일부터 방학

여보! 주무십니까? 밖에는 비가 주룩주룩 내리고 밤이 깊어 자정을 가리키는데 어이하여 이 눈은 말똥말똥한지. 고요한 집안에 밤이 더욱 깊이 깃드는 지금, 조용히 돌아가는 저 선풍기 바람에 오늘도 귀찮고 골치 아픈 일들일랑 다 날려 버리고 싶습니다. 사람 앞에는 사치의 욕망이 귀에다 대고 속삭이고, 열심히 하던 일을 포기시키는 마귀의 유혹 같은 것이 서성댄다고 합니다. 나 또한 그런 경험이 없지 않기에 늘 심지를 굳건히 하면서 주어진 일에 최선을 다해 살아왔습니다. 그 지루하고 따분했던 시간이 유수처럼 흘러 당신 귀국할 날이 얼마 남지 않은 지금, 지난날을 되돌아보니 문득 이런저런 생각이 머릿속을 훑고 지나갑니다.

방안이 너무도 후덥지근하군요. 선희는 아까 야단맞고 혼자 조용히 잠들었습니다. 선희 옆에서 당신의 아내가 배를 깔고 엎드려 펜을 들었습니다. 내일은 드디어 방학, 하지만 다른 때와 다르게 27일에 불과한 짧은 방학입니다. 그조차 반 이상이 강습이랍니다. 교사도 배워야 학생들을 잘 가르칠 수 있다는 마음으로 즐겁게 강습에 임할 생각입니다. 항상 서울 응암동 516-8에 사는 식구들 모습 떠올리며 남은 기간 건강 무사 비옵니다. 안녕.

1974년 7월 27일

영래 편지 ⑤

무더워지는 여름이 여기에도, 그리고 형님 계시는 곳에도 찾아오고 있으리라 믿습니다.

네덜란드의 축구 선수 크루이프가 한창 서울에서도 인기를 날리던데 요사이는 월드컵 축구의 열기가 다 사라져 버렸군요.

그간 형님은 잘 계시리라 믿습니다.

지난 6월 말경에 관호 형님이 서독에 가신다고 형님 주소를 적어 갔는데 만나보았는지 모르겠군요(약 2개월 체류 예정이라더군요.

형수씨도 잘 있습니다.

형님께서 짐을 부쳤다고 하니까 벌써부터 기운이 나 보더군요. 경숙이는 방학을 맞이하여 제주도 여행을 갔고, 저도 이달 말경 예당 집에나 한번 다녀올 예정입니다.

제 처 역시 불러오는 배를 움켜쥐고 더위와 씨름하고 있습니다.

형님의 귀국이 9월 말경이라고 하던데 그때쯤은 어쩔는지 모르겠군요.

그럼, 오늘은 이만 줄입니다.

건강하게 보내십시오.

사무실에서 영래 1974년 7월 16일

93
무기력한 요 며칠

여보! 몹시 기다리셨죠. 모처럼 일주일 만에 펜을 들었습니다. 그 사이 당신이 파리에서 부친 엽서 한 장 받아보았지요. 건강하시고 무고하시다니, 더할 나위 없이 반갑고 기쁩니다.

이곳 당신의 혹들도 무사히 잘 지내고 있답니다. 이제 선희 피부병도 거의 나아가고 있으니 염려 놓으셔도 됩니다.

나는 방학이라 강습을 받는 날 외엔 집에서 쉬고 있습니다. 그래봐야 단 5일에 불과하지만. 그 5일을 당신에게 편지 쓰는 일까지 생략하고 오로지 아무것도 안 하고 쉬기로 했습니다. 그런데도 도무지 마음먹은 대로 할 수가 없더군요. 오히려 당신 생각이 더 간절해 잠이 오지 않고 밥맛도 떨어져 상사병에 걸린 사람처럼 무기력해지고 말았습니다.

여보! 내가 왜 이리 약해지려 할까. 스스로 마음을 채찍질하며 몸을 가누려고 하지만 몸이 말을 듣지 아니합니다. 당신이 건강 해친다고 뜨개질 못 하게 막아 이러는 것 아닌가도 생각합니다. 뜨개질을 하면 자연 손 운동을 하게 되는데 손 운동이 일상의 자극을 주는데 아주 유용하다고 합니다.

곧 당신이란 주인공이 돌아오면 모든 것이 정상으로 되돌아오겠지요. 지금 내가 겪는 무기력증이 당신 돌아왔을 때 기쁨과 환희로 뒤바뀜할 것이라 믿습니다.

그제 올라온 정자가 집에 있습니다. 오늘 선희 데리고 셋이서 영래 도령 집에 가기로 했습니다. 쓸쓸하고 우울해지면 가까운 극장이라도 한 번 가보려고 하지만 막상 나가기가 망설여집니다. 요즘 집에 있는 시간이 많아 선희가 좋아합니다.

당신 얼굴을 애써 머릿속에 그려보지만, 그 얼굴이 떠오르지 않습니다. 집에 돌아올 때까지 건강하셔야 합니다. 안녕.

1974년 8월 4일

94
잉꼬 한 쌍

아까는 가랑비가 내리더니 이제 소낙비가 쏟아지는군요. 엊저녁부터 퍼붓기 시작한 비로 곳곳의 집들이 침수되고 사망 부상자가 속출하고 있습니다. 다행히 우리 집은 피해가 없습니다.

전에 큰 언니네 집에서 데려온 개가 어제 아침 새끼 한 마리를 순산했습니다. 짐승들도 새끼 낳는 것이 보통 일이 아니더군요. 아침에 미역국을 끓여 주었는데 입에 대지 않고, 이것저것 갖다줘도 먹지 않길래 나중에 우유를 주어 봤습니다. 어찌나 잘 먹던지 보는 내가 흐뭇했습니다. 어미가 낳은 새끼는 집에서 한 달가량 키우다 언니네 집에 데려다줄까 합니다.

선희 베이비 옷장 들여놓던 날, 새(백문조) 한 쌍 들여놓았습니다. 그런데 어제 새집 청소 중 한 마리가 날아가 버렸습니다. 비록 나는 혼자 살더라도 새마저 외로우면 안 되겠다 싶었습니다. 궁리 끝에 남아있던 백문조 한 마리와 잉꼬 한 쌍을 바꾸었습니다. 이제 우리 집엔 한 쌍의 잉꼬가 살게 되었습니다. 역시 잉꼬는 다정하더군요. 종일 입을 맞추고 아름다운 소리로 지저귀는 것이 여간 귀엽지 않습니다.

요즘 어항 속의 금붕어도 잘 자랍니다. 전엔 사다 놓자마자 죽곤 했었습니다.

어제 영래 도령 집에 선희 데리고 정자와 함께 다녀왔습니다. 동서는 임신 7개월이라 배가 많이 부르더군요. 예정일은 11월 3일이랍니다. 아내가 임신 중이라고 도령께서 자상하게 잘 해주는 게 좋아 보였습니다. 그래도 당신이 내게 하던 것에는 못 미치는 것 같았습니다. 하하. 동서는 빚을 내더라도 집부터 사야겠다고 단단히 벼르더군요. 우리도 어서 내 집 마련을 하긴 해야겠는데 당신 귀국해 상의해 보도록 합시다.

견학 중 과로로 탈이 나진 않았는지요. 오늘은 5일간 푹 쉬고 학교 가는 날이었습니다. 옷을 차려입고 집을 나서려는데 선희가 내 옷자락을 붙들고 어찌나 야단을 피우던지. 도저히 뿌리치고 나올 수 없어 주저앉고 말았지요. 그리고 이렇게 당신께 편지를 쓰고 있답니다. 여기까지 적었는데 선희가 당신이 보낸 엽서를 한 장 들고 옵니다. 엽서에 견학의 마지막 장소 독일 땅에 들어섰다는 내용이 들어있습니다. 어린 것도 당신이 보낸 것을 알고 있는 모양입니다. 창밖을 향해 아빠! 아빠! 부르는 모습에 가슴이 그만 뭉클합니다.

건강하시고 무사하길 바랍니다. 안녕.

1974년 8월 6일

95
복내 누님이 왔습니다

지금 저쪽 건넌방에는 복래 누님께서 정희 서울 진학 때문에 와 주무시고 계십니다.

오늘 누님과 차분하게 여러 이야기를 나누었는데 우리 결혼 초 이야기를 꺼내시더군요. 말씀 중 시댁 식구가 제게 잘못한 것이 많다면서 아버님이나 어머님께선 항상 저밖에 모른다고 하셨습니다. 그 말씀을 듣고 정말 기쁘기 한량없었습니다.

오늘 영래 도령 부부가 함께 와 식사하면서 우리 식탁에 닭고기 소고기 등 기름진 음식이 올라왔습니다. 손님 덕분에 호강한 기분입니다.

아마 이 소식 받아보는 당신도 기쁘겠군요. 당신 아내가 시댁 식구들에게 인정받고 또 사랑받는데 즐겁지 아니할 수 없겠지요. 옆방에 사시는 할머니가 늘 이렇게 말씀 하시곤 합니다.

"선희 엄마는 시댁 식구들에게 잘해 나중에 복 많이 받아 잘 살 거야."

꽃가마 속에도 설움이 있듯 누군들 속속들이 들여다보면 백 퍼센트 만족하고 사는 사람이 어디 있겠습니까만, 그래도 나 정도면 행복한 사람이 아닐까요.

공부는 다 마무리 지었는지요. 혹시 오실 때 선물 살 돈이 부족하면 말씀하십시오. 빚을 내서라도 보내겠습니다. 그런데 이것만은 명심하십시오. 어머니 아버지 선물, 잊으면 안 됩니다. 작아도 좋으니 꼭 사 오기 바랍니다.

여보! 가만히 불러보는데 대답이 너무 크군요. 좀 작게 속삭여 줄 수 없습니까. 공부 마치고 집에 돌아오면 온몸을 주물러주고 싶습니다. 나는 어린아이처럼 누군가의 사랑을 받으면 금방 동심의 세계로 뛰어든답니다. 마냥 가슴이 벅차고 기쁩니다.

여보! 선희가 너무 짓궂어 힘에 부치는군요. 누님께서 보시더니 이건 분명히 당신의 어렸을 적 모습 그대로랍니다. 알만하시겠지요? 제 성격도 좀 닮았으면 좋겠습니다. 침착함, 성실함 등등. 하지만 성격, 생김새, 행동 등 어느 하나도 나를 닮지 않은 것 같아 섭섭합니다.

건강하시고 무사 귀국 비옵니다.

1974년 8월 11일

96
찌는 듯한 더위

33도의 찌는 듯한 더위가 날마다 계속되고 있습니다.

불쾌지수도 점점 높아만 가는데 주변의 환경조차 더위를 식히기엔 역부족입니다. 밖에서든 안에서든 '아! 답답해' 비명을 지를 만큼 덥고 습한 날씨가 온 도시를 짓누르고 있으니까요.

언제쯤 후련하게 마음이 터지고 기분이 전환될 날이 찾아올지, 오로지 당신 귀국 날만 하루하루 꼽으며 이 더위를 힘겹게 물리치고 있습니다.

하지만 지나가는 세월은 내 젊음조차 가져가 버릴 것이기에 창공에 대고 '세월아! 어서 가라' 하고 외칠 수도 없게 만듭니다. 아무리 더워도 하늘은 맑고 투명한데 그 하늘이 부를지라도 힘껏 대답할 수도 없는 이 답답함. 그래도 한 인간을 사랑하는 마음으로 여기까지 온 이상 당신을 기다리듯 가을을 기다리며 이 무더위를 견디는 중입니다.

여보! 곧 학기가 끝나고 귀국할 날이 다가옵니다. 혹시 그곳에 정착하고 싶은 생각은 없는지요. 만약 당신이 그리 마음먹는다면 이젠 내가 그곳으로 가야 하지 않겠습니까. 실은 나도 가끔 당신 계신 곳으로 훌쩍 떠나 살고 싶은 마음이 들 때도 있습니다.

여보! 지금 순간 당신은 행복하다고 생각하십니까. 창밖 저 멀리 아스라이 사라지는 마지막 새벽 별에 나와 당신의 행복을 빌어 보렵니다. 안녕, 무사하길 비옵니다.

1974년 8월 13일

피렌체에서

97
육영수 여사 서거

여보! 강습 마지막 날, 수료증에 붙일 증명사진을 가지러 점심시간을 이용해 집에 들렀는데 당신의 91번째 편지가 와 있군요. 나중에 쓰려던 답장을 집에 온 김에 지금 부랴부랴 쓰고 있습니다.

어제 8월 15일, 광복 29주년 기념식장에서 육영수 여사가 괴한이 쏜 총탄을 머리에 맞고 저녁 7시쯤 서거했답니다. 오늘 강습에 나갔더니 온통 그 이야기로 모두 정신이 없었습니다.

교사들은 묵념을 올리고 나서 강습을 시작했습니다. 영결식은 19일, 우리나라 전체가 조기를 단다고 합니다.

지하철은 오늘부터 운행을 시작했으나 서울역에서 청량리까지만 다니기 때문에 우리는 혜택을 보지 못합니다. 우리는 언제나 지하철을 타볼지.

어젯밤 꿈자리가 뒤숭숭해 기분이 몹시 언짢습니다. 이제 견학은 아니 하시나요? 오시는 날까지 그곳에만 계시는지요. 정말이지 이제는 당신이 너무나 보고파 지칠 지경입니다. 당신 오려면 앞으로도 한 달, 지루하고 따분한 세월을 어찌 보내야 할까요.

당신의 선희는 생떼 부리는 고집둥이에 욕심쟁이 사교쟁이까지, 당신의 모든 것을 닮아 주위 사람들로부터 마치 당신을 보는 듯 하다는 말을 듣습니다. 그래도 낯선 사람들 앞에선 어찌나 깜찍하게 구는지.

여보! 오시는 날까지 항상 건강 유의하시고 옥체 보존하길 빕니다. 두 혹이 달려있기에 더욱. 안녕.

1974년 8월 16일

아버지가 아들에게 ⑩

그동안 잘 있었으리라 믿는다.

여기 大小家(대소가) 다 平安(평안)하고 서울도 잘 있다.

故國(고국)에는 氣象異變(기상이변)인지 한 달 동안 장마가 계속된 다음, 근 한 달간 가뭄이로구나. 그래도 우리 집 농사는 豊年(풍년)이다.

報道(보도)를 통해서 알겠지만, 大統領(대통령) 부인이 狙擊(저격) 당해 死亡(사망)하는 일대 不祥事(불상사)가 났다.

전번 書信(서신)에 9월 18일~20일 사이에 歸國(귀국)한다 하고서 다시 9월 말에나 온다니 무슨 일로 그러는지 궁금하구나.

修學旅行(수학여행) 중에 보낸 葉書(엽서) 두 장, 잘 받아 보았다.

아버지. 1974년 9월 21일

엄마 아버지 잘 있었으니 그동안
부의 몸조심 하기 부탁 한다.
그리 飛行場에서 만나 잣구나

그동안 잘 있으리라 믿는다
여기 大小家도 다 平安 하시고 서울도
잘 있다. 故國에는 氣候異變 인지
一個月 동안 장마가 계속 되더니 그
個月의 가뭄 으로 구나
우리집 農事 는 豊年 이니다
報道로 通해서 알 있었 겟지만 大統領
夫人이 저격 우 當해서 死亡 하는 一大
不祥事 가 낫고,
前 般書 信에 九月十八日-二十日에
歸國 힌다 든이 서울 에는 九月末 에
돈 다 했으니 궁금 하구나
修學 旅行 中에 보낸 葉書는 一回
바더 보앗 다.
九月二十一日
아버지

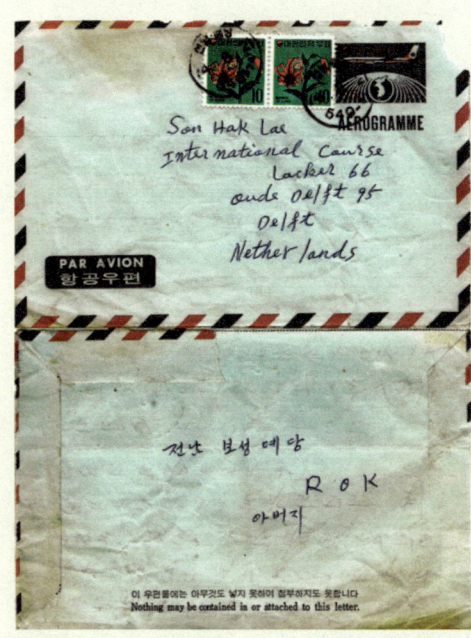

98
정희 서울 응암국민학교 전학

여보! 그동안 몸 건강하시고 무사하신지요. 이곳 서울의 식구들은 당신의 염려 덕분으로 다들 잘 있습니다. 어제는 육영수 여사의 국민장을 지내는 날, 집집마다 조기를 달고 직장에도 출근하지 않은 채 장례식을 지켜보며 눈시울을 적셨습니다.

세계 여러 나라에 이 뉴스가 전해져 당신도 잘 알고 계시겠지만 이 모든 것이 김일성의 지령이고 보면 왠지 두렵고 무서워지기까지 합니다. 좋은 글 골라 적어도 모자랄 판에 이런 말을 적어 죄송스럽습니다.

복래 누님께선 정희를 서울에 전학시키려고 서류를 떼 오신다고 합니다. 형준이까지 전학시킬 것이라 하시더니 우선 정희부터 하려는가 봅니다.

비록 조카일지라도 집에 한 사람이 더 있게 되면 당신 같은 남자들이 모르는 고충이 많습니다. 선희 키우고 학교 나가는 것도 벅찬데 정희까지 데리고 있자면 신경 쓸 게 어디 한두 가지겠습니까. 나도 우리 식구끼리만 오순도순 살고 싶습니다. 그러나 장남에게 시집왔기에 포기할 건 포기하기로 마음먹었습니다.

응암국민학교로 전학 온 정희

여보! 선희 보고 싶지 않으세요. 그사이 얼마나 컸는지 모릅니다. 옆방 할머니께선 방학 때 엄마와 함께 있으니 선희 양 볼이 불쑥 나왔다나요? 그 말씀을 듣고 마음이 짠했습니다. 학교에 나가지 않고 선희만 보고 있으면 얼마나 좋을까도 생각했습니다. 하지만 우리 삶의 터전을 마련할 때까진 참기로 했습니다.

어제 이강용 씨에게서 전화가 왔더군요. 부인 최 군(최호열)이 딸을 순산하고 처가에서 몸조리 중이랍니다. 개학하기 전에 선희 데리고 한 번 가볼 생각입니다.

오실 날이 머지않았는데 몸조리 잘하세요. 그리고 항상 자기 주변 잘 살피십시오. 우리 학교는 8월 26일 개학합니다.

다시 아이들과 씨름하며 지내다 보면 당신 돌아오시는 날이 도래하겠지요. 어서 와서 우리 집에 웃음꽃이 가득하길 바라봅니다. 선희가 아빠를 부르며 노래를 하는군요. 안녕. 건강 빕니다.

1974년 8월 20일

1974

그리고 다시 찾아온

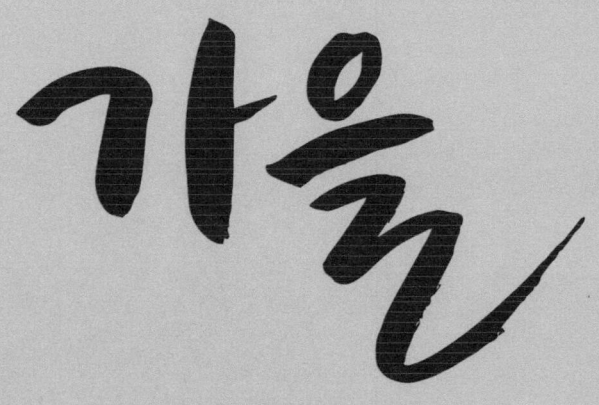

99번째 편지. "잉꼬새 부부를 보며"

99
잉꼬새 부부를 보며

여보.

당신은 어이하여 당신과 같이 한 몸인 나의 모든 것 인정하지 않으시나이까. 누구든지 잘한다고 해야 더 발전이 있고, 못 한다고 하면 퇴보를 불러오는데 말입니다.

당신의 편지마다 사투리가 씌어있거나 맞춤법이 틀린 부분이 종종 있습니다. 일개 졸개 교사에 지나지 않으나 고쳐주고 싶나이다.

요즘 나의 일과는 다음과 같습니다. 긴 소파에 비스듬히 누워 잉꼬새 부부를 바라보고, 때로 선희와 싸우고, 돈이라는 웬수와 다투며 씨름하고, 세월과 같이 웃고 화내고.

당신의 일과는요? 공부하고 운동하고 여행하고 먹고 잠자고? 나와는 차이가 많군요. 남자와 여자란 것도요.

선희가 옆집 필중이 집에 놀러 갔는데 지금 우는 소리가 들립니다. 어서 가봐야겠습니다(가보니 별일 없었음).

8월이 하순에 접어들자, 산들바람이 가끔 불어옵니다. 낮엔 찌는 듯 더워도 아침저녁으론 제법 서늘합니다. 서늘한 바람이 코끝을 스치고 지나가니 가을이 멀지 않았나 봅니다.

우리나라에선 육 여사 서거에 대해 일본의 미심쩍은 대응과 행동을 규탄하는 데모가 일어나고 있습니다. 모든 신문과 방송이 떠들고, 야단입니다. 그런데 당신은 불고기 파티라뇨. 역시 당신은 행복한 분입니다. 나는 그 행복하신 분의 아내, 대통령 부인이 아니라서 이렇게 죽지 아니하고 살아있는지 모르겠군요.

당신도 한국 돌아와 대통령 한 번 출마해 보시지요. 하지만 당신 성격에 그리 위험한 일에 도전할 리 없다고 생각합니다. 더구나 아내를 사랑하시니 말입니다.

우리의 선희 그동안 많이 자랐습니다. 온몸이 보송보송하고 까만 솜털이 당신을 닮기도 했고요.

안녕. 당신의 건강과 얼마 남지 않은 우리의 재회를 기대하며.

1974년 8월 22일

100
울산 오빠 사업

건강하십니까. 이곳도 당신 염려 덕분으로 잘 지내고 있습니다.

작은 올케가 엊저녁에 왔다 아침에 가셨습니다. 작은 올케는 여느 때처럼 서울에 오면 꼭 우리 집에 들러 주무시고 가십니다.

오빠 하는 장사가 요즘 신통치 않다고 합니다. 대신 올케가 땅을 사 집을 네 채 정도 지어 팔았답니다. 여기서 이문을 좀 보신 모양이더군요. 아무튼 내 올케여서 하는 말이 아니라 우리 올케는 남자 뺨치게 사업 수완이 좋은 분입니다. 만약 남자로 태어났다면 틀림없이 한자리 꿰찰 수 있었을 사람입니다. 여러모로.

정희는 응암 국민학교에 전입, 5학년 13반이 되어 배가 몹시 부른 산모를 담임으로 두게 되었답니다. 모든 게 낯선 정희가 학교생활 잘 적응할 수 있도록 내가 할 수 있는 한 정성을 다해 보렵니다.

당신의 공부가 9월 7~8일쯤 끝난다고 소식 듣고 귀국 여비에 보태라고 복래 누님, 영래 도령, 작은 올케께서 약 100불 정도 마련했답니다. 오늘 외환은행에서 부칠 것이라고 전해 들었습니다.

귀국을 앞둔 당신 일정이나 계획 좀 더 상세히 알려 주면 고맙겠습니다. 이제 편지도 곧 그만두어야 할 듯싶습니다. 편지를 부치면 7~8일 걸리니까 가는 기간을 헤아려야겠지요.

여보! 목이 터지라고 부르고 싶군요.

그제는 날이 너무 더워 옆방 할머니와 함께 대문께로 나가 있는데 다른 집 가장들이 퇴근해 돌아오더군요. 그 모습을 바라보며 저 멀리서 당신이 두 팔을 휘두르며 걸어오고 있는 것 같은 착각이 일어났습니다. 마음이 허전했습니다.

선희는 요즘 유난히 아빠를 찾습니다. 동네 아이들이 자기 아빠를 부르며 달려가면 내 얼굴을 쳐다봅니다. 그리고는, 엄마! 아빠! 하고 부릅니다. 하지만 목소리에 왠지 기가 죽어 있습니다.

여보! 보고 싶습니다.

귀국하는 날까지 몸 건강히 안녕.

1974년 8월 24일

101
선희의 엄살

여보, 그간이나마 몸 건강하신지요.

이곳 당신의 아내와 선희 건강하게 잘 있습니다.

올케언니들, 정희, 경숙, 애숙이도 다들 즐겁게 지내기로 약속했기에 요즘 서로 도우며 오순도순 기쁘게 생활하고 있습니다. 정희도 학교 갔다 오기 무섭게 손, 발 씻고 숙제부터 해놓고 밤에도 공부에 열중입니다. 애숙이는 9월부터 봉급을 올려준다고 했더니 더 씩씩하게 일 잘합니다.

어제는 학교가 개학하여 출근하자마자 "기쁘겠어", "얼마 안 남았지?", "몸보신 잘해줘"란 인사를 받았습니다. 어찌나 웃음이 나오던지. 그런대로 하루를 즐거이 보낼 수가 있었습니다. 학교에서 외톨이가 되지 않았기에 진심이든 거짓이든 내 마음을 알아주며 덕담을 건네는 선생님들이 고마웠습니다.

여보! 하루가 다르게 달라지는 선희의 모습을 당장 보여줄 수 없어 안타깝군요.

엄살이 어찌나 심한지 옆에서 보고 있으면 그만 웃음이 나옵니다. 감정이 예민하고 흉내 내는 건 원숭이 못지않습니다. 게다가 키도 크고(또래 아이들보다 훨씬 큼) 몸도 크고 솜털도 많고. 외출복을 입혀 밖에 데리고 나가면 돌 지난 아이 같다고 하면서 "매우 의젓하군" 하고 말하는 사람도 있습니다.

여보, 이젠 그곳의 생활을 마무리해야 하기에 왠지 섭섭한 마음 들지 않으신지요. 그래도 빨리 집에 오고 싶으시겠지요.

여보, 당신 귀국 날이 가까워질수록 하루하루 견디기가 더 어렵습니다. 가만히 있으면 온통 당신 생각으로 머릿속이 그만 꽉 차버립니다. 당신을 향한 생각이 지나쳐 몸집이 작은 내가 더욱 작아질까 두렵습니다.

안녕, 건강 빕니다.

1974년 8월 27일

102
귀국날 손꼽아 기다리며

여보, 당신의 94호 편지 잘 받았습니다.

요즘 이곳에선 데모가 일어나고 TV에선 일본 정부와 북괴 규탄에 대해서만 논하다 보니 왠지 겁나고 불안하기만 합니다.

마음이 불안하니 학교 일도 손에 잡히지 않습니다. 이럴 땐 시골 집으로 훌쩍 떠나버리고 싶습니다. 그러나 이 집에서는 내가 제일 어른이기에 이런 마음을 갖지 않으려고 노력합니다. 그럼에도 가끔 여러 뒤숭숭한 생각에 소화가 되지 않을 때도 있습니다.

여보, 당신 학교 수업이 다음 달 7~8일경 끝나면 이다음 편지가 마지막이 될지도 모르겠군요. 내가 보내는 주소가 당신의 학교 주소이기에 하는 말입니다. 그다음 당신은 언제까지 그곳에 머무르게 되며 언제 출발하여 어디를 거쳐 귀국하시는 건지, 자세히 알려 주십시오.

오직 당신 귀국할 날만 손꼽아 기다리며 하루하루를 무사히 넘겼던 그 많은 나날보다 요즘의 시간이 더 지루하고 더디기만 합니다.

개학하여 학교가 바쁘면 괜찮겠지? 싶었으나 그와 상관없이 당신 보고 싶은 생각만 머릿속에 차오릅니다. 그래도 그 마음을 억제하면서 참아보겠습니다.

당신이 나를 너무도 사랑해 주시기에 나는 그것을 믿고 당신을 조용히 기다리겠습니다.

여보, 정말 얼마 남지 않았습니다. 남은 기간 정말로 몸 건강하시고 무사 편안하길 빕니다. 안녕.

1974년 8월 29일

제주 성산일출봉에서

103
솔베이지의 노래(언젠가 너는 올 거야)

여보, 건강하신지요. 당신 공부가 일찍 끝나신다니 이 글월이 마지막이 되는지도 모르겠군요. 어제 당신의 95번째 글 잘 받았습니다.

밖에는 가을을 재촉하는 찬비가 마치도 장맛비처럼 내리는데 2학기에 접어들어 교사들의 이동이 있고 보니 모두 마음들도 싱숭생숭, 송별회에 참석했는데 지금 교감이 쫓겨가는 신세가 되어 시무룩이 앉아 계시는 모습이란 차마 눈 뜨고 볼 수 없었습니다. 만나면 헤어지고 헤어지면 다시 만나는 게 세상일이라지만 헤어지는 것은 언제나 아쉬움과 아픔을 부르는 것 같습니다.

새로 부임해 오는 교감은 대화에 계시는 민두식 씨랍니다. 다를 어떻게 알고 "아버지 같은 분 오시니 좋겠네" 하며 놀려 대는데, 정말 부끄러워 혼났습니다.

여보, 그사이 불편한 곳은 없으신지요. 세탁은 열심히 하시어 늘 깨끗한 복장 하고 다니는지요. 세탁하다 거칠어진 손은 괜찮으신지요. 반찬 솜씨도 많이 늘었겠으나 1년이란 세월 동안 평생 해보지 않은 일을 하느라 수고 많으셨습니다.

당신의 손에 이 편지가 들어갈 수 있을지 궁금합니다. 나, 선희, 정희, 경숙, 애숙 모두 건강하며 특히 애숙이는 어찌나 살이 쪘는지 볼만하게 변했습니다. 선희은 예쁘고 귀엽기 짝이 없으나 한 번 생떼를 쓰기 시작하면 지붕이 들썩들썩할 정도랍니다.

오늘 당신께 보내는 마지막 편지가 될 것 같다고 생각하니 문득 이 노래가 떠오르는군요. 페르귄트 모음곡에 나오는 '솔베이지의 노래' 가사 적어 봅니다.

여보! 오시는 날까지 몸 성히 편안하시길 빕니다.

1974년 8월 31일

선희 두 돌 맞이

아마도 겨울이 가고 봄도 가겠지
겨울 가고 봄도
그런 후에 오는 여름도 가고 한 해 전부도
한 해 전부도

그러나 언젠가 너는 올 거야, 난 확실히 알아
확실히 난 알아
그리고 난 분명히 기다릴 거야, 전에 그렇게 약속했으니까
전에 그렇게 약속했으니까

신께서 네가 세상 어디에 있던 힘 주시고
세상 어디에 있던
네가 신의 보좌에 가까이할 때 기쁨 주시고
신의 보좌에 가까이할 때

여기서 난 네가 다시 올 때까지 기다릴 거야
네가 다시 올 때까지
혹시 네가 천국에서 기다린다면
우리 거기서 다시 만나, 내 친구야

에필로그

아내의 편지,
50년 세월을 건너는 다리

세월이 참 빠르다. 오래된 편지가 오래된 시간을 이렇게 크고 환하게 되살릴 수 있다는 게 놀랍다. 기억은 오랠수록 빛이 바래지만 기록은 오랠수록 빛이 난다.

아내의 편지는 내게 50년 세월을 건너는 다리가 되었다. 편지 속에서 다시 만난 것은 단순히 지나간 시간과 옛사람만이 아니었다. 그 외롭고 낯선 시간을 거슬러 가면서 조금씩 되찾은 것은 무엇보다도 아름다운 풍차의 나라 네덜란드란 공간이었다.

네덜란드에서 공부한 시간은 얼마 안 된다. 그러나 지금도 거기서 보았던 여러 장면 장면들이 눈에 선하다. 거대한 배가 드나드는 활기 넘치는 항구, 암스테르담·델프트 등 구석구석을 이어주는 운하와 도로, 쾨켄호프의 화려한 튤립, 유럽은 물론 중동, 인도, 일본, 아프리카에서 온 학생들까지……. 곰곰생각하니 내 공직 생활의 바탕을 이룬 어떤 준거가 그곳에 있을 성싶다.

지구촌이란 말이 생기기도 전에 떠난 네덜란드 유학, 지나고 보니 새로운 세계와 새로운 사람을 만나 나의 준거틀을 촘촘히 짠 유익하고 값진 시간이었다. 하지만 그때 막막히 홀로 지낸 아내의 마음이 한겨울 차가운 바람처럼 가슴을 쓸고 지나간다.

1만킬로도 넘는 아득한 곳에 나를 보내놓고 얼마나 애타는 마음으로 기다렸을까. 얼마나 간절한 그리움으로 날마다의 시간을 보냈을까.

사실 함께 사는 부부라고 해서 모든 것을 아는 것도, 모든 것을 이해할 수도 없다. 또 모든 기억을 공유하는 것은 불가능에 가깝다. 그럼에도 부부란 말에 들어있는 애틋함을 떠올릴 때마다 가슴이 뜨거워지는 것은 모든 삶의 국면을 함께 하면서 차근차근 걸어온 시간이 있기 때문일 것이다.

예전처럼 편지를 직접 손으로 쓰는 것은 지금 시대에 다소 생소하다. 하지만 편지야말로 더 진솔하게, 더 깊게 자기 마음을 전할 수 있는 수단이라는 것을 새삼 깨닫는다.

인터넷도 페이스북도 이메일도 없었던 시절, 따뜻한 마음으로 나를 응원하기 위해 육필편지를 보내준 다른 친구들에게도 감사드린다.

손으로 쓴 편지가 그리운 시대가 요즘이다. 바로 이 점에 있어서 모두 공감을 얻었으면 좋겠다.

손학래

편지색인

- 네덜란드에서 보낸 엽서 ① ·················· 27
- 네덜란드에서 보낸 엽서 ② ·················· 61
- 네덜란드에서 보낸 엽서 ③ ·················· 110
- 네덜란드에서 보낸 엽서 ④ ·················· 141
- 네덜란드에서 보낸 엽서 ⑤ ·················· 150
- 네덜란드에서 보낸 엽서 ⑥ ·················· 177
- 네덜란드에서 보낸 엽서 ⑦ ·················· 227

- 아버지가 아들에게 ① ························ 30
- 아버지가 아들에게 ② ························ 40
- 아버지가 아들에게 ③ ························ 57
- 아버지가 아들에게 ④ ························ 91
- 아버지가 아들에게 ⑤ ························ 102
- 아버지가 아들에게 ⑥ ························ 146
- 아버지가 아들에게 ⑦ ························ 147
- 아버지가 아들에게 ⑧ ························ 191
- 아버지가 아들에게 ⑨ ························ 226
- 아버지가 아들에게 ⑩ ························ 260

Appendix

- 누나 편지 ① ·· 42
- 누나 편지 ② ·· 117
- 누나 편지 ③ ·· 195
- 자형 편지 ① ·· 119
- 영래 편지 ① ·· 32
- 영래 편지 ② ·· 69
- 영래 편지 ③ ·· 92
- 영래 편지 ④ ·· 192
- 영래 편지 ⑤ ·· 249
- 영상(제수) 편지 ① ··· 68
- 영상(제수) 편지 ② ··· 92
- 양래 편지 ① ·· 136
- 양래 편지 ② ·· 198
- 경숙 편지 ① ·· 79
- 경숙 편지 ② ·· 178
- 경숙 편지 ③ ·· 241

초판1쇄 | 2025년 4월 30일

지은이 | 박지혜
펴낸곳 | 건설교통저널
주 소 | 서울특별시 서초구 논현로 87, B동 602호
전 화 | 02-3473-2842
홈페이지 | www.ltm.or.kr

정 가 17,000원
ISBN 978-89-85149-15-0

이 책의 무단전재, 재배포 및 복제를 금합니다.

아버지가 아들에게

남경으로는 陽曆으로 가면, 다소늦은 감이 있다.

음력 8시 3월 0분 陽을 전후 하여 到着 후 무사

출발지—도 착지—

소 중소 중 속달소포인 것은

다. 縱橫 간격이 Senem 세타 일 각기 중

급행속적 적이 되고 날짜 별로 긴격이 극히 열

원주소 한가지 에 配구주 눌 중속 종속 속 속 한가지 지수 하 여러

원하는 우는 근거리에 가까운 발매

아아마 이 주문이 (알아 잘아요)이 이

밭 자 아 이 무 가을 規 과 마 주 발적으로 가격인 마 매

물기로 불다 進一 거기 기 개적적인 좋은 숫자 를

이 햇 도 들의 잔금은 슈에는 거이 정正 明明

두遷 여 빠 腊 것 북 경經 명 달 많 리고 우 여 정은 發 또 다 과 時

이 고 원만 한 으로 하시고 그래서 거가 우를

의지 우 가 약踴 문 文 변 화 한 건 여러 시계획 책

의치 두 구 등 많은 각각 많은 경로 가 난 결과 적

고 재의 발 와 영 결結 산算 번 시 시

향상 도 을 체3일에 사람인 결정해 실實 중 간인 제인

자아 아이 마침…

※70년대초